Susanne Mansfeld

Täglich eine tolle Idee

365 x Tischdeko

BLOOM'S by Ulmer

Täglich ein schöner Moment ...

... oder eine Anregung für festliche Stunden: Die folgenden Seiten sind eine wahre Schatzkiste voller Vorschläge, die gemeinsame Mahlzeiten zu Oasen im Alltag und besondere Anlässe zu einem Erlebnis machen.

Dieses Buch begleitet Sie durchs ganze Jahr. Nach den kalten Wochen bricht sich ab Idee 47 langsam der Frühling Bahn und es gibt Anregungen rund um die Osterzeit. Im Sommer finden Sie Tischdekorationen voller Blütenfülle ab Vorschlag 136, die auch bei der Gartenparty Eindruck machen. Alle Früchte des Herbstes schmücken die Tafel ab Tipp 270. Mit Einfall 336 hält langsam der Advent Einzug auf dem gedeckten Tisch und spritzige Anregungen zum Jahreswechsel erwarten Sie auf den letzten Seiten.

Und ganz egal, ob Blütenschmuck, Tischkarte oder Kerzenidee: Mit ein wenig Spaß am Gestalten gelingt alles im Handumdrehen und lässt viel Spielraum für die eigene Kreativität. Probieren Sie's einfach aus, und genießen Sie 365 schöne Momente an einladenden Tafeln.

365

1

Optimistisches Grün – dieser Abend wird ein Genuss und bei der Tischdeko fängt's an. In einer Serviettentasche stecken neben dem Besteck einige Sterndoldenblüten. Wer eine Tischordnung möchte, schreibt auf das eingeschobene Papier einen Namen.

2

Perfekte Linienführung für Puristen. Die Holzwürfel, mit Schlagmetall versilbert und mit Löchern für die Reagenzgläser versehen, können Sie immer wieder verwenden. Für ein Fest werden sie mit edlen Französischen Tulpen gefüllt.

3

Die Bischofsmütze ist ein Klassiker für Künstler im Serviettenfalten. Einige Steelgrashalme mit einer Papierklammer aus dem Büro angeklemmt, und die Dekoration bekommt einen technischen, modernen Charakter.

4

Die coole Variante der traditionellen Tischkarte besteht aus einem Blatt und einem Stück Pergamentpapier, quadratisch zurechtgeschnitten und mit einer Öse verbunden. Lockern Sie die strengen Linien mit schmalem Satinband auf.

5

Quadratisch, praktisch, gut: Grünes Blattwerk wirkt auf einem Stück weißem Fotokarton und ist mit feinem Satinband und einer Schmucknadel an der Serviettenhaube von innen befestigt – und gibt dem Tisch eine edle, designte Note.

6

Wenn das keine Karriere ist: Der Petersilientopf hat's vom Küchenfenster auf die festliche Tafel geschafft. Sein neues Job-Outfit ist ein Topf in Edelstahloptik mit Accessoires wie einer einzelnen Blüte und originellem Glücksband.

7

Sorgt für Würze. Breites grünes Band im witzigen Petersilienlook wird mit ein paar Stichen zum ausgefallenen Serviettenring. Die Deko mit frischem Grün, klarem Weiß und gesunden Kräutern gibt den Kick für den Start ins Jahr.

8

Fast asiatisch muten die Linien der Tischkarte an. Umwickeln Sie einen Holzspieß mit Abschnitten von Steelgras und fixieren Sie sie mit Gummiband. Einen weiteren Halm darumlegen. Schließlich das gelochte Namensschild daraufziehen.

9

Ein kleines, bizarres Kunstwerk aus einem Korkenzieherhaselzweig, einem Schneckenhaus und reizvollen Tulpenblüten schlängelt sich auf der Serviette. Klein genug, um es beim Essen neben den Teller zu legen.

10

Idee mit Durchblick. Laminieren Sie frische Gräser, legen Sie sie um eine zusammengerollte Serviette und wickeln Sie Bastband darum. Das gleiche Stück wirkt bei einer Tischdekoration in anderen Farben wieder völlig neu.

11

Bitte zum Diktat! Ein weißes Holzbrettchen mit einer Papierklammer versehen, verrät, was auf dem Menüplan steht. Im gleichen Stil kann man auch Tischkarten mit den Namen der Gäste gestalten – Anlass für jede Menge Bürotratsch.

12

Den runden Ideen sind keine Grenzen gesetzt. Bestecken Sie kleine Steckschaumkugeln mit Wollziestblättern, edlen Rosen oder witzigen Heftzwecken. Unter Glasglocken präsentiert, ein tolles Arrangement für jede Tafel.

13

Rosenkavaliere werden sich gerne zu Tisch setzen, wenn sie so passend aufgefordert werden. Weiße Rosen sind elegant herausgeputzt mit Kränzchen, Silberdraht-umwickelten Blättern und Namensschild. Eine Dekonadel hält alles zusammen.

14

Verwandeln Sie den Tisch in ein Winterwunderland. In weißen Keramikschalen liegt eine Steckschaumkugel, die mit Olivenblättern umhüllt ist. Die edle Eucharis sitzt in einem Röhrchen in der Kugel. Verschneites Accessoire: Der weiße Zweig.

15

Herzlich willkommen! Wer so liebevoll begrüßt wird, fühlt sich garantiert pudelwohl. Genau wie der Gastgeber, denn die Serviettendeko ist ganz schnell fertig. Einfach ein breites Band um die Serviette knoten, Herzstein beschriften und auflegen.

16

Bühne frei für die Königin der Blumen! Steckschaumkugeln, mit Zapfen, Judastaler oder Kiefernnadeln verkleidet und mit Glasröhrchen ausgestattet, präsentieren weiße Rosen in ihrer ganzen Schönheit. Das ist doch einen Applaus wert.

17

Der Lieblingstafelschmuck der Schneekönigin ist ein Prachtstück. Es basiert auf einer ausrangierten Vase, die mit Pappelblättern beklebt wurde. Flamingoblumenblätter, Amazonaslilien und weiße Rosen schmücken die Tafel der kühlen Majestät.

18

Naturlook im Quadrat, das wirkt! Drei Porzellanwürfel sind mit Aststücken, trockenem Gras und den ersten Frühlingsblüten gefüllt. Der vierte Platz ist für einen Steckschaumwürfel reserviert, der von kleinen Zwiebeln verhüllt wird.

19

Die rustikale Landhaustafel blüht auf, wenn ein Gesteck aus Ranunkeln, Rosen und Zwiebeln sie schmückt. Die Steckschaumbasis verdecken Sie ganz einfach mit einem Zaun aus Aststücken, Moos und heller Kordel.

20

Eiszeit auf der Tafel? Das kann toll aussehen, mit Eisstücken aus Wachs, Fenchelfruchtständen und dünnen Zweigen als Serviettenschmuck. Schieben Sie passend dazu ausgerissene Stücke aus Pergamentpapier darunter, die Sie beschriften.

21

Nach dem Baukastenprinzip wird Stein auf Stein gesetzt. Als Kerzenständer dient ein Steckschaumwürfel, der mit Drahtpflanze umwickelt wird. Darauf sitzt, mit Steckdraht sicher verankert, eine schlichte Kerze, ebenfalls in Würfelform.

22

Kränzchen, Kugel oder Spindel aus Schleierkraut: So bekommen klassische Kerzenständer einen noch festlicheren Look. Wenn die Leuchter nicht wie hier auseinanderzuschrauben sind, hilft es, die Deko anzudrahten oder drum herumzuwickeln.

23

Steht ein besonderes Fest ins Haus? Dann passen Kränze aus Schleierkraut in allen Größen. Ein kleiner dient als Unterlage für die Tischkarte und schmückt auf cremefarbenem Band die Serviette. Das ist liebenswert und festlich zugleich.

24

Im Kuschellook! Pflanzen können mehr, als Sie denken. MIt den Blättern des Wollziest bekleben Sie einen Pappstreifen als Serviettenring – originell und wieder verwendbar. Das Namensschild wurde mit einer Spirale aus Aludraht darangeklemmt.

25

Edle Idee für ein kleines festliches Diner. Die Orchideenblüte ist an einer Spirale aus goldfarbenem Aludraht fixiert und das Namensschild in zartem Violett darangebunden. Das macht was her beim Abendessen mit den besten Freundinnen.

26

Die ersten zarten Farben kommen! Geben Sie der rosafarbenen Primel schon zum Frühstück einen Ehrenplatz auf einer wippenden Spirale aus Aludraht. Die gelingt Ihnen mit einer Zange im Handumdrehen und hält ein halbes Straußenei als Gefäß.

27

Im Prinzessinnenlook! Primeln in halben Straußeneiern, bei denen die Erde mit Moos abgedeckt wurde, bekommen eine Pappmanschette in Form eines rosafarbenen Krönchens. Mit Cupcakes die Überraschung beim nächsten Girlie-Geburtstag.

28

Aufgepasst! Die Mini-Flasche, eingehüllt in weiße Papierschnüre, hält Wacht am Gedeck und reserviert den Platz für den rechtmäßigen Besitzer. Wie praktisch, dass sie das Väschen für das kleine Tausendschön gleich mitbringt.

29

Ganz in Weiß. Diese Tischdeko sorgt nicht nur am schönsten Tag im Leben für Furore. Überziehen Sie Flaschen mit Papier, Stoff oder einem Duschschwamm und füllen Sie sie mit Blüten in Weiß und Pastell. Kleiner Aufwand, große Wirkung!

30

Think pink! Die schlanke Nerinenblüte macht's vor, der Serviettenring aus Aludraht ist mit dabei. Mit einem Farbthema sind Sie beim Tischdecken auf der richtigen Seite. Lassen Sie sich von einem Blick in Ihren Geschirrschrank inspirieren.

31

Hier ist die Liebe im Spiel. Die Rose und die Herzform aus Sisal sind eindeutige Indizien. Ein verstecktes Orchideenröhrchen hält die Blüte frisch. Mit dem golddrahtumwickelten Herz machen Sie auch Müttern oder Freundinnen eine Freude.

32

Romantiklook fürs Besteck. Von diesem wird natürlich nicht gegessen, stattdessen weisen die Blütenlöffel den Gästen ihre Plätze zu. Zartes Organzaband wurde von unten mit den Namensschildchen beklebt und mit Draht am Besteck befestigt.

33

Eine schönere Liebeserklärung können Sie kaum machen. Das Herz aus Steckschaum ist über und über mit Ranunkeln besteckt, natürlich in der Farbe der Liebe. Eine herzliche Idee für Verliebte – nicht nur am Valentinstag.

34

Da fühlen sich die Gäste besonders geehrt, wenn sie persönlich mit roter Rose am Tisch begrüßt werden. Die Blüten werden auf Serviettenringe gesteckt, eine Mühlenbeckienranke drumherum geschlungen und das Namensschild daran befestigt.

35

Edle Serviettentasche, die alles enthält, was der Gast fürs Essen benötigt. Um die aufgeklappte Serviette sind verschiedene Bänder geschlungen. Binden Sie für den blumigen Schmuck eine Rosenknospe und ein Wollziestblatt mit buntem Draht zusammen.

36

Mit Blütenblättern bestäubt. Der Serviettenring besteht aus einem hölzernen Gardinenring, der zunächst in Klebstoff, dann in den Blütenblättern von Ringelblumen gewälzt wurde. Ein einzelnes Gänseblümchen liegt lose oben darauf.

37

Pretty in Pink. Bei den Holzklötzen können Sie mal richtig in den Farbeimer greifen. Vorher müssen die Würfel mit Bohrlöchern für die Reagenzgläser versehen werden. Am schönsten wirkt die Dekoration natürlich mit Blüten in Rosatönen.

38

Romantische Blütentuffs für die Tafel im Countrystyle. Als Basis dient Steckschaum, der einen Rahmen aus Galaxblättern bekommt, dann mit rüschigen Hortensien und im Zentrum mit einer ländlichen Karoschleife und Ranunkeln besteckt wird.

39

Blütenschmuck für alle, die es gerne niedlich und lieblich mögen. Die Blüten und Buchsbaumzweige werden mit Myrtendraht auf einen stabilen Drahtring gebunden. Dabei kleinere und größere Blüten gleichmäßig mischen.

40

Wenn Einzelgänger sich zusammentun, wird daraus eine liebenswerte Deko. Optisch verbinden sich die Blüten durch ihre Accessoires aus Draht, die mal in Kranzform, mal als Manschette gebogen sind. Am besten geht dies mit einer kleinen Zange.

41

Kugeln im Blatt- und Blütenlook. Sie bestehen aus Steckschaum, durch den die Blumen ins Wasser gestellt werden. Zum Bestecken der Kugeln eignen sich besonders die Blätter von Salbei und Wollziest sowie getrocknete Stiefmütterchenblüten.

42

Blütentraum in Pastell. Auf der Tortenplatte mit Fuß hat die blumige Halbkugel ein ideales Plätzchen gefunden. Die unsichtbare Basis bildet in Form geschnittener Steckschaum, der dicht an dicht mit kleinen Frühlingsblüten besteckt wurde.

43

Das kann wirklich jeder und wird dennoch als Gastgeber dafür bewundert werden. Greifen Sie für diesen Serviettenring aus Perlenarmbändern doch einfach in Ihre Schmuckschatulle. Noch ein Tausendschönchen daruntergeklemmt, fertig!

44

Wenn der Anlass des Festes eine Herzensangelegenheit ist, kommen diese Serviettenringe gerade recht. An dem Kränzchen aus Schleierkrautblüten baumeln lange Bänder und ein Anhänger in Herzform. Ein eindeutiges Zeichen.

45

Feinarbeit für Fortgeschrittene. Ein filigranes Kränzchen aus winzigen rosafarbenen Blüten ziert klassische weiße Stoffservietten. Es wird oben und unten an schmalem Satinband befestigt und daran um die Servietten gebunden.

46

Wie gerade auf dem Markt erstanden. In der rustikalen Papiertüte findet der Gast eine edle Leineserviette, Besteck und eine kleine blühende Zugabe. Die Wickenblüten stecken in Orchideenröhrchen und sind auf diese Weise gut mit Wasser versorgt.

47

Blumiger Wegweiser. Die kleine Traubenhyazinthe verrät Ihren Gästen, wo sie sitzen und kommt dabei ganz groß raus. Umwickeln Sie die Zwiebel mit etwas Silberdraht und Grashalmen und setzen Sie sie auf Granulat in ein Glas. Namen nicht vergessen.

48

Frühlingskugeln. Damit sie nicht wegrollen, werden die Zwiebelblüher in eine eckige mit Dekogranulat gefüllte Schale gesetzt. Die Pflanzen wurden vorher aus ihren Töpfen genommen und die Zwiebeln mit Erde und Moos zur Kugel geformt.

49

Herzen, die an langen Drähten über den Frühlingsblühern schwingen, verraten, wer hier gefeiert wird. Ein rundes Tablett und glänzende Edelstahlkugeln greifen die runde Form der Wurzelummantelung auf. Perlenband setzt feine Akzente.

50

Vom Marmeladenglas zur süßen Vase: Dafür wird die Öffnung straff mit Papier bespannt und mit Band fixiert. Schneiden Sie die Mitte mit einem Cutter aus und füllen Sie das Glas mit zarten Frühlingsblühern in Pastelltönen.

51

Süße Versuchung selbst bei den Kerzenständern. Die mit Papiermanschetten geschmückten Marmeladengläser werden mit Zucker oder Kandis gefüllt. Das gibt den Kerzen sicheren Halt. Wählen Sie dazu zarte Bänder in hellen Farben.

52

Ob beim intimen Dinner for two oder bei der großen Hochzeitsgesellschaft: Hier besteht kein Zweifel an der großen Zuneigung der Hauptpersonen. Das große Plus dieser Idee: Sie ist super schnell gemacht und hat umso größere Wirkung.

53

Unendliche Liebe symbolisieren die beiden Perlenringe an den Tischkarten der Gäste. Sie werden zusammen mit einem Buchsbaumzweig und dem Namensschild mithilfe einer weiß lackierten Wäscheklammer an der Serviette festgeklemmt.

54

Begrüßen Sie mit blauen Blüten den Frühling und Ihre Gäste, so fühlt sich jeder gleich willkommen. Die einzelne Traubenhyazinthe wird mit ihrem Stängel durch eine Drahtkugel gesteckt und in einem Orchideenröhrchen mit Wasser versorgt.

55

Dein ist mein ganzes Herz! Lieblich und charmant wirkt dieses Gesteck aus Primeln, Traubenhyazinthen und Schneeballblüten in Herzform. Drapieren Sie darum eine farblich passende Serviette, so bleibt der Steckschaum unsichtbar.

56

Im Topf auf den Tisch. Was beim Essen als unfein gilt, ist bei der Tischdekoration der angesagte Chic. Denn auf die Töpfe kommt es an, die wie hier aus Fiberglas sind und einen extravaganten fransigen Rand haben. Echte Hingucker!

57

Seit wann sprießen Frühlingsblumen aus Eiern? Diese Dekoration macht's möglich. Die flache Schale wird mit halben Eierschalen gefüllt und die Traubenhyazinthen mit ihren Zwiebeln und Moos einfach hineingesetzt. Wunder der Natur!

58

Ein frischer Reigen aus kleinen Steckzwiebeln dreht sich um die Leinenserviette. Legen Sie eine einzelne Traubenhyazinthe dazwischen: Die Farbkombination Blau und Weiß macht auch an trüben Tagen so richtig munter.

59

Für Eilige, die trotzdem nicht auf die Tischdeko verzichten möchten. Nehmen Sie Zwiebelblüher aus ihrem Kulturtopf und waschen Sie die Wurzeln aus. Dann die Pflanzen in ein durchsichtiges Gefäß setzen und ein wenig Wasser einfüllen.

60

Klein, aber fein! Das Kränzchen aus Strandflieder und Zierdraht ist schnell gewickelt und weist dem Gast seinen Platz zu. Befestigen Sie daran einen Streifen Transparentpapier mit einer Schmucknadel und beschriften Sie ihn mit dem Namen.

61

Einfach unvergesslich soll Ihre Feier bleiben? Wie wäre es da mit einem kleinen Give-away für Ihre Gäste? Das kleine Vergissmeinnicht-Sträußchen in einer zartblauen Papiertüte erinnert noch Tage später an ein wunderschönes Fest.

62

Frühling lässt sein blaues Band wieder flattern durch die Lüfte. Als Tischdeko schmückt das Band hier die kleinen Töpfe und passt sich farblich der Blütenmischung aus Anemonen, Traubenhyazinthen und Schneeball an.

63

Ei, ei, ei … welch originelle Tischkarte! Unter der Grasumwicklung verbirgt sich in Eiform geschnittener Steckschaum. Bänder setzen farblich Kontraste und halten das Namensschild. Fixieren Sie das Gras eventuell zusätzlich mit Haften.

64

Mille fiori. Unzählige kleine weiße Blütenknospen umrahmen die cremefarbene Stumpenkerze. Stellen Sie am besten gleich mehrere als Gruppe auf und mischen Sie darunter einige mit einem grünen Buchsbaumkranz. Das sorgt für Abwechslung.

65

Patentlösung für alle, die nicht mehrere gleiche Vasen besitzen: Grüne Steckschaumzylinder machen herkömmliche Gefäße überflüssig. Am schönsten wirken die Gestecke, wenn Sie Blüten, Blätter und Accessoires in Grün-Weiß wählen.

66

Frühlingserwachen auf der Tafel. Dass die zarten Blüher frisch bleiben, garantiert Steckmasse. Wie dekorativ sie sein kann, zeigt der Streifenlook aus bunten Steckschaumabschnitten und Zweigen, der die Blütenmischung wie ein Zaun umgibt.

67

Wie ein Ausschnitt aus der Natur: Die eckige Schale ist mit Moos, Wachteleiern, Traubenhyazinthen und Ranunkeln gefüllt. Der Clou: Steckschaum in Steinform, der zum Teil ausgehöhlt Platz für Teelichter bietet. Täuschend echt!

68

Für diese schnell gemachte Dekoration mussten sich Rose und Bergenie entblättern. Stellen Sie eine dicke Stumpenkerze in die Mitte eines zylindrischen Glasgefäßes und füllen Sie den Zwischenraum schichtartig mit den Blättern.

69

Eingerahmt. Die Königin der Blumen kommt mit einem Rahmen aus großen Bergenienblättern toll zur Geltung. Wählen Sie dazu Rosen in kräftigen Farben, die leuchten besonders schön im Kontrast zu den grünen Blättern.

70

Gefüllte Hörnchen. Solch eine Tischdekoration bleibt garantiert in Erinnerung bei den Gästen. Die Füllhörner werden aus farbigem Draht geformt. Stecken Sie die einzelnen Blüten vor dem Einsetzen in Orchideenröhrchen, dann bleiben sie schön frisch.

71

Simpel, aber wirkungsvoll. Formen Sie aus stabilem Tonpapier eine Tüte und halten Sie sie mit doppelseitigem Klebeband in Form. Die Stoffserviette hineinlegen und das Papier mit einem aufgeklebtem Deko-blümchen verzieren.

72

Super Effekt für einzelne Blüten! In Reagenzgläsern finden sie Halt in bunten Drahtkugeln. Wer's ganz perfekt machen möchte, zieht einzelne Steelgrashalme durch die Drahtform. Kombinieren Sie möglichst gleich mehrere Kugeln miteinander.

73

Die werden nach dem Fest garantiert gerne als Erinnerung mit nachhause genommen. Eine besonders schöne Tulpe mit gefransten Blütenblättern steckt in einem Orchideenröhrchen und wird damit in die von Hand geformte Drahtkugel geschoben.

74

Die Würfel sind gefallen. Und zwar an das Gedeck der Gäste. Spulen Sie dafür beherzt farbigen Draht von der Rolle und bringen sie ihn mit den Händen in Form. Ein Ende rausstehen lassen und das Namensschild daran befestigen.

75

Serviettenring in ungewohnter Optik. Auf dem rechteckigen Drahtgeflecht kommt eine einzelne Lilienknospe gut zur Geltung. Sorgen Sie für zusätzlichen Glanz und überziehen Sie den Stielansatz mit einem Hauch goldenem Schlagmetall.

76

Praktisch und dekorativ zugleich: Die Menükarte verrät, was auf den Tisch kommt. Das breite Lochband wird mit einem Tropfen Klebstoff befestigt und bietet Gelegenheit, eine hübsche Blüte anzubringen. Am besten Ton in Ton.

77

Einfacher kann Tischdekoration nicht sein. Das breite Lochband wird auf der Rückseite mit einem Tropfen Heißkleber zusammengehalten. Bei schmalerem Band können Sie auch einfach einen schönen Knoten machen, das geht noch schneller.

78

Ein Besteckkorb muss nicht langweilig auf dem Büfett herumstehen. Rollen Sie Messer und Gabel doch einfach in die Servietten ein und stellen Sie sie in einen Zinkeimer. Der wird mit Bändern und einem Reagenzglas mit Narzissen geschmückt.

79

Ein eigener Minigarten für jeden Gast. Die kleinen Zinktöpfe sind mit Wasser und kurzgeschnittenen Thymianzweigen gefüllt. In der Mitte blühen Tête-à-tête-Narzissen. Wer der Haus- und Hofgärtner ist, verrät ein aufgeklebtes Papierschild.

80

Bunte Reihe bei den Zwiebelblühern. Sie werden einfach in verschieden große Gläser gesetzt, mal einzeln, mal zu mehreren. Heidelbeerzweige geben zusätzlichen Halt. Achtung: Die Zwiebeln sollten frei von Erde sein.

81

Ein Ring aus breiten Grashalmen zeigt den Gästen, welcher Platz für sie reserviert ist. Die Enden werden mit einer gekürzten Schmucknadel zusammengehalten, durch ein Filzblümchen gesteckt und von der anderen Seite mit einer Perle fixiert.

82

Ganz schön zugeknöpft! Raffinierter Serviettenring, dessen Herstellung zwar etwas Arbeit macht, den Sie dafür aber gleich mehrmals verwenden können. Laminieren Sie einen Streifen Geschenkpapier und versehen sie ihn mit einem Druckknopf.

83

Die Tulpe verrät, wo's für Felix und die anderen Gäste langgeht. Befreien Sie die Tulpenzwiebel von Erde, bevor Sie sie ins Glas setzen. Hartriegelzweige sorgen für den richtigen Stand und eignen sich zum Einklemmen des Namensschildes.

84

Keine Frage: Da freuen sich die Kids schon im Vorfeld. Denn für diese Dekoidee müssen die Smartiesröhrchen erstmal geleert werden. Anschließend werden sie mit einzelnen Blüten in Reagenzgläsern gefüllt und in einen Glaszylinder gestellt.

85

Gruß vom Zuckerbäcker. Als Teig diente ihm diesmal bunter Steckschaum, die Marzipanblüten hat er gegen echte ausgetauscht. In einer bunten Mischung und in Tartelette-Förmchen serviert, sind sie einfach unwiderstehlich.

86

Seite an Seite. Verschließen Sie nach dem Eierauspusten das untere der beiden Löcher mit einem Tropfen Heißkleber und füllen Sie Wasser und Blumen ein. Für einen sicheren Stand sollten die Eier auf einer Unterlage festgeklebt werden.

87

Winke, winke! Der krause Eierkopf ist ein absoluter Hingucker auf jeder österlichen Tafel. Dafür wird ein Straußenei mit Sternmoos bepflanzt. Die Arme mit den großen gelben Filzhänden sind einfach in die Pflanze gesteckt.

88

Pottpourri. Streichen Sie kleine Tontöpfe in verschiedenen Pastelltönen und füllen Sie sie mit Zwiebeln, kleinen Narzissen und Grünpflanzen. Dazwischen verraten Gänseeier als kleine Vasen den Anlass des Festes und wünschen „Frohe Ostern".

89

Kennen Sie schon die neuen Pompon-Eier? Sie dienen Frühlingsblühern wie Traubenhyazinthen als Topf. Damit die originellen Gefäße nicht kippeln, setzen Sie sie einfach auf Mooskränzchen. Fröhlich getupft verbreiten die Eier beste Osterlaune.

90

Schick in Schale präsentiert sich die bunte Frühlingsblumenmischung. Warum also nicht die Straußeneier mal als Vase nutzen. Schlagen Sie die Eier mit Nagel und Hammer vorsichtig auf, so dass Sie möglichst beide Seiten verwenden können.

91

Federn verleihen Leichtigkeit und bilden den dekorativen Rahmen für diesen kleinen Margeritenstrauß. Blaues Satinband macht die österliche Suche nach den Eiern nicht schwer. Sie haben mitten im Strauß ein kuscheliges Nest gefunden.

92

Als könnte ihnen die Kälte noch etwas anhaben, recken Ranunkeln und Vergissmeinnicht ihre Köpfe vorsichtig aus dem schützenden Gras. Sie stecken in einem wassergefüllten Glas, zünftiges Karoband hält alles zusammen.

93

Für dieses blühende Osternest findet sich auf jeder Tafel noch ein Plätzchen. Es wurde mit Steckmasse, Blüten und Eiern gefüllt und, damit es nicht wackelt, auf einen Mooskranz gesetzt. Darum geschlungene Ranken lassen es ganz natürlich wirken.

94

Österliche Schaustücke für den gedeckten Tisch ziehen die Blicke auf sich. Ein paar Grashalme, ein ausgepustetes, mit Wasser gefülltes Hühnerei und eine einzelne Margeritenblüte locken den Frühling auf den Tisch.

95

Federleicht und hauchzart kommt diese Serviettenidee daher. Erweitern Sie einfach die Löcher vom Ausblasen eines Hühnereies und schmücken Sie es mit Kränzchen und Feder. Silberdraht und Schlagmetall setzen festliche Highlights.

96

Bringen Sie die Ostereier auf Hochglanz, indem Sie sie mit Schlagmetall versilbern. Auf Hyazinthengläsern haben sie einen wirkungsvollen Platz und geben gleichzeitig einzelnen Margeritenblüten Stand. Besonders schön als Reihe in der Tischmitte.

97

Überraschungseier in blitzendem Silber weisen der Ostergesellschaft den Weg zum richtigen Teller. Sie sitzen in viereckigen Tüten aus Chiffon auf einem Moosbett. Wer weiß, was sich darunter noch verbergen mag?

98

Da will der Tischschmuck hoch hinaus! Platzieren Sie die hohen Vasen, auf denen Straußeneier mit kleinen Margeritensträußen sitzen, so, dass sie den Blickkontakt zum Gegenüber nicht stören. Dann darf die Tischdeko auch mal etwas höher ausfallen.

99

Grüße vom Bauernhof geben dem Wochenendfrühstück das perfekte Flair. Dazu reicht schon eine einzige Margeritenblüte umgeben von frisch grünem Frauenmantel. Stilecht blühen sie in einem Eimerchen aus Porzellan oder Metall.

100

Zurückhaltend weiß und grün: So modern kann Ostern sein. Eine Steckschaumbasis wird von Galaxblättern umhüllt und mit Steckzwiebeln, Federn und einem Hühnerei, das als Vase für eine Margerite dient, bestückt.

101

In Reih und Glied werden 16 kleine Wachteleier auf grünem Steckschaum arrangiert. Dazu wirken die Ranunkelblüte und die Feder richtig edel. Eine schöne Idee für die Ostertafel für alle, die es nicht so ländlich-lieblich mögen.

102

Im Doppelpack sind sie besonders vielseitig! Stellen Sie zwei Gläser ineinander und füllen Sie den Zwischenraum mit Eierschalen und papierumwickeltem Draht. Dann können Sie im inneren Glas Kresse gießen oder eine Kerze anzünden.

103

Schöne Scherben! Das Ei ist beim Auspusten zerbrochen? Halb so schlimm, mit Heißkleber um den Rand eines Glases fixiert, schmückt es ein österliches Windlicht. Dank Moos und grüner Kerze wirkt es frühlingsfrisch.

104

Die edlen Straußeneier sind im Frühjahr ein wirkungsvolles Gefäß für kleine Sträuße oder Gestecke. Mit Wachs dichten Sie die Eier ab, bevor Milchstern aus Steckschaum blüht und von Wachteleiern und Federn im Naturlook begleitet wird.

105

Ganz in Weiß kommt das österliche Quartett daher. Schnell sind die mit flüssigem Wachs abgedichteten Eier Ton in Ton mit Ranunkeln gefüllt. Eine eckige Glasschale mit farbigem Dekosand ist eine gute Basis und schützt vorm Umkippen.

106

Eine gute Idee für jedes Stockwerk. Die Etagere wird ganz unten mit einem bunten Blütenkranz auf Steckschaumbasis, in der Mitte mit einem Strohkranz, auf dem sich Meister Lampe eingekuschelt hat, und ganz oben mit Steckzwiebeln bestückt.

107

Lieben Sie's urig und natürlich? Wie wäre es dann mit einem Gesteck aus gelben und weißen Frühlingsblüten in einer Manschette aus kleinen Eierschalen? Die werden einfach mit Heißkleber auf einem breiten Band um Steckschaum befestigt.

108

So zart das Gemüse auch sein mag, als Steckhilfe tut es gute Dienste! Zwischen den vitaminreichen Möhren blüht Mohn, der in Glasröhrchen frisch gehalten wird. Da steht einem gesunden Snack zum Nachtisch nichts mehr im Wege.

109

Vegetarischer Genuss fürs Auge gefällig? Höhlen Sie Fenchelknollen aus und füllen Sie sie mit Steckschaum. Das ist eine tolle Basis für einen Blütenmix in Orange und Gelb und der perfekte Gute-Laune-Garant für Ihre Gäste.

110

Wenn das Thema des Menüs auch dekorative Qualitäten hat, ist die Tafel schnell geschmückt. In diesem Fall mit einer grünen Spargelstange, die, mit schlichter Kordel auf die Serviette gebunden, auch noch ein Namensschild hält.

111

Von frischem Grün umkränzt, strahlt die weiße Leinenserviette besonders. Fädeln Sie grüne Blätter vom Judastaler dicht an dicht auf dünnen Draht. Die Enden miteinander verzwirbeln, die Serviette einschieben und mit einer Margerite schmücken.

112

Für die Zutaten dieser Tischdekoration müssen Sie nicht einkaufen gehen. Einmachgläser und Gras reichen für einen frühlingsfrischen Effekt. Einfach eine Kerze ins Glas oder eine Margerite dazu gestellt, fertig ist der ländliche Look.

113

Lust auf Kräuterfrische? Packpapiertütchen werden mit Namen beschriftet und anschließend mit aromatischem Rosmarin gefüllt. Wer möchte, kann sie ganz lässig mit Wäscheklammern aus Holz an der Serviette befestigen.

114

Jetzt geht's rund und zwar besonders auf kreisförmigen Tischen! Stellen Sie kleine Gläser in Grüntönen in Position und füllen Sie sie mit Blüten, die frisch von der Wiese zu kommen scheinen. Zum Schluss Gräser und Efeuranken dazwischenwinden.

115

Streifenlook an jedem Platz: Die Manschette aus Papier trägt den Namen eines Gastes und verhüllt ein kleines Töpfchen Sternmoos, das oben lustig herausragt. Diesen Gruß nehmen die Gäste auch gerne als Erinnerung mit nachhause.

116

Nichts für Schaumschläger, auch wenn es duftig und luftig wirkt. Baisers im Papierförmchen, mit zartem Band und Seidenblüte verziert, sind mit einem Namensschildchen bestückt ein erster Hinweis: Hier werden süße Sünden serviert!

117

Eifern Sie den Impressionisten nach und malen Sie mit Blüten. Eine runde Spanplatte, hellgelb gestrichen, ist die Basis für eine Sammlung einfacher Gläser in der Tischmitte. Wichtig: Stimmen Sie die Farben harmonisch aufeinander ab.

118

Festlich umkränzt mit kleinen weißen Blüten und zarten Blättchen ist das kleine Glas, in dem ein Teelicht brennt. Mit einem duftigen Band aus Organza verziert, ist es ein besonderer Schmuck für den Platz jedes einzelnen Gastes.

119

Machen Sie's persönlich. Ein Teelichthalter auf hohem Fuß sorgt nicht nur für festliche Atmosphäre: Mit einem Kränzchen aus Johanniskrautbeeren und einem Namensschild, verbreitet er auch ganz persönliche, gastfreundliche Stimmung.

120

So verwandeln sich einfache Stumpenkerzen im Handumdrehen in stilvolle Tischleuchten. Mit Schmucknadeln werden Blätter vom Judastaler in zwei Reihen um den Fuß gesteckt. Ihr Tischtuch können Sie mit unauffälligen Glastellern schützen.

121

Schneller Serviettenschmuck vom Wegesrand. Bringen Sie vom Spaziergang Gräser und Hirtentäschel mit, fassen Sie sie in der Mitte zusammen und schmücken Sie sie mit einer Filzblüte. Fertig ist ein netter Blumengruß am Kaffeegedeck.

122

Romantische Blüten im modernen Outfit. Verspieltes Schleierkraut quillt aus einer schnell gefalteten Papierbox. Schlichtes weißes Band und eine Drahtklammer, an der ein Namensschild befestigt ist, betonen den schlichten Stil.

123

Da wird die Serviette zum kleinen Schmuckstück. Einfach gefaltet, hält sie ein weißes Band, auf dem Johanniskrautbeeren mit Floralkleber fixiert sind. Schieben Sie ein Stück Büttenpapier und beschriftetes Pergamentpapier als Namensschild darunter.

124

Bei großen Festen darf es golden glänzen. Ein einfaches Blatt wird mit Schlagmetall zum edlen Accessoire und einfach unter einen Serviettenring aus Papierdraht geschoben. Passt perfekt zu Porzellan mit goldenem Dekor.

125

Wenn es schlicht aber edel sein soll, ist ein kleiner Halter für Tischkarten bestimmt die richtige Wahl. Entscheiden Sie sich für die Kombination von Weiß mit Gold, um einem besonderen Tag auch bei der Tafelrunde Würde zu verleihen.

126

Eleganter Mai. Edles Braun und Cremetöne dominieren beim Serviettenschmuck aus Samtband, mit Schlagmetall versilbertem Pappquadrat, Kränzchen und Maiglöckchen. Der Blütenstiel ist mit Blattsilber versiegelt, das schützt die Serviette.

127

Kaffeeklatsch ganz stilecht: Die eckige Kerze, die während langer Gespräche für Atmosphäre sorgt, steht auf einer mit Kaffeebohnen bestreuten quadratischen Platte. Das klappt auch noch, wenn die erste Freundin klingelt.

128

Zarte Schönheit. Suchen Sie eine Idee ohne großen Aufwand? Ein Zweig Maiglöckchen in einem schlichten Glas macht durchaus etwas her, wenn er mit einem Kräuterkränzchen und einem schmalen Samtband am Rand befestigt wird.

129

Hoch hinaus wollen die Gefäße, die mit Fasern, Körnern oder Federn ummantelt sind. Mit diesem Trick geben Sie auch unterschiedlichen Töpfen den gleichen Look. In ihnen thronen Maiglöckchenpflanzen hoch über der Kaffeetafel.

130

Auch einzelne Blüten machen als festlicher Tafelschmuck eine gute Figur, wenn sie geschickt in Szene gesetzt werden. Ein Glas mit Fuß und eine Hand voll Bastelperlen reichen schon aus, um für einen Hauch Glamour zu sorgen.

131

Romantisch zarte Hinweise weisen der Tafelrunde den Platz zu. Auf dem kleinen Ständer steckt eine Rosenblüte. Das Namensschild und ein Perlenkränzchen werden einfach mit schmalem Satinband in Zartrosa daran gebunden.

132

Ganz zart ist die Schleife aus Chiffonband, die die gerollte Damastserviette ziert. Fädeln Sie vorher Perlen auf Draht und biegen Sie ihn zum Ring um die Serviette. Ein Tischschmuck, der ebenso schlicht wie edel ist.

133

Rosenromantik für die Tafel. Eine einzelne langstielige Rose blüht in einer Tüte aus Tapetenresten erst richtig auf. Mit einer Schmucknadel wird der Name des Gastes befestigt. Wer es ganz romantisch liebt, bestreut den Platzteller mit Rosenblättern.

134

Setzen Sie auf Kontraste! Das Besteck verbirgt sich in deftigen Packpapiertüten, die mit zarter Spitze zusammengebunden sind. Rosa und Pink wirken zum Naturton ganz edel. Namensschilder machen's besonders persönlich.

135

Die fruchtige Überraschung freut erst die Augen, dann den Gaumen. In Pergamentpapier gewickelt und in eine Spitztüte aus Packpapier gesteckt, ist die Erdbeere ein Genuss, der aufs köstliche Menü oder die verführerischen Torten einstimmt.

136

Rosenzauber auf der Sommertafel. Die schönsten Exemplare der Königin der Blumen können Sie selbst zu einem niedrigen Hingucker in Steckschaum verarbeiten. Damit die Wirkung perfekt ist: Wählen Sie einen romantisch verschnörkelten Topf.

137

Da hätte auch Rosenresli ihre Freude. Ein besonders schönes Exemplar wird mit Rapsschoten geschmückt, die auf eine Schmucknadel gezogen und von Perlen gehalten werden. Die Serviette steckt in einer Tasche aus transparentem Schlauchband.

138

Nostalgischer Tafelschmuck und liebenswertes Give-away gleichzeitig: Begeistern Sie Ihre Gäste bei einem besonderen Anlass mit Tüten aus romantischem Papier, die mit einem Blütenmix in pastelligem Rosa gefüllt sind.

139

So einfach schaffen Sie romantische Sommerstimmung auf einem festlichen Tisch. Es reicht schon, ein zartrosafarbenes Satinband um die gefaltete Serviette zu legen und eine schlichte Wickenblüte einzuschieben. Wirkt auch draußen.

140

Ist der Anlass eine echte Herzensangelegenheit? Wenn sich zwei Menschen das Ja-Wort geben, soll sich das in der Tischdekoration widerspiegeln. Zum Beispiel in Form von zwei Ringen, aus Kräuterzweigen und Silberdraht gewickelt.

141

Eine Spitzenidee! Die Menükarte ist zu besonderen Gelegenheiten ein Muss und natürlich soll auch sie besonders schön sein. Zum Romantiklook passt ein Exemplar in zartem Pastell, das an den Rändern mit Spitze beklebt wurde.

142

Kerze, Menükarte oder Blumenschmuck? Schlagen Sie drei Fliegen mit einer Klappe. Rosenknospen und Rapsschoten sind um das Windlicht gewickelt, das dank der Glas-in-Glas-Technik gleich noch das auf Pergament gedruckte Menü präsentiert.

143

Blühende Lichter sorgen auf der Tafel für Atmosphäre. Basis für die Kerze und das Gesteck aus Rosenknospen ist Steckschaum, der in einer flachen Glasschale mit pinkfarbenem Dekosand sitzt. Steckdraht hält die Kerze fest.

144

Gute Laune garantiert! Der rot-weiße Mustermix macht munter. Legen Sie einfach eine gepunktete Papierserviette auf die aus weißem Damast und halten Sie alles mit papierumwickeltem Draht und Band in Vichykaro zusammen.

145

Da geht Ihnen ein Licht auf! Die leuchtend roten Stumpenkerzen stehen sicher in einfachen Muffinförmchen, wenn Sie mit Wachsplättchen befestigt werden. Als farblichen Kontrast einfach Mühlenbeckienranken darumwickeln.

146

Ein Hoch auf die Erdbeere! Für den Kerzenständer wird ein Tontopf mithilfe von doppelseitigem Klebeband mit Blättern ummantelt und mit Steckschaum gefüllt. Die Kerze mit Steckdraht fixieren und süße Früchte um den Rand verteilen.

147

Für alle Sinne. Das kleine Kränzchen aus Salbeiblättern und -blüten verströmt sein Aroma über den süßen Erdbeeren. Von einem weichen Samtband geschmückt, ist es ein optischer Genuss. Wer könnte da schon widerstehen?

148

Verführerisches Törtchen für ein Kaffeestündchen mit Ihren Freundinnen. Steckschaum wird mit Moos und Draht umwickelt und mit Rosen, Margeriten und Erdbeeren geschmückt. Fehlt nur noch ein kariertes Band und der Look ist perfekt!

149

Begeistert nicht nur Geburtstagskinder und Ehrengäste. Die Schichten des zweifarbigen Steckschaumherzens halten mit Zahnstochern zusammen. Getoppt wird es mit einem Kräuterherzchen, einer kleinen Asternblüte und einer Kerze.

150

Verblüffend! Die Erdbeerkerze ist ihrem natürlichen Vorbild täuschend ähnlich. An einem von Mühlenbeckie umrankten Holzstäbchen präsentiert sie ein Fähnchen aus Tonpapier, auf dem der Name des Gastes steht.

151

Wer Sinn für Romantik hat, wird den Tafelschmuck lieben, der im rot-weißen Blütenmix frisch von der Wiese zu kommen scheint. Leicht nachzumachen ist die Ummantelung des Steckschaumgefäßes mit Tortendeckchen und schmalem Karoband.

152

Ganz schön raffiniert. Kerzenständer und Vase zugleich ist das edle Prachtstück, bei dem Japanischer Flügelknöterich die Kerze umringt. Seine kurzgeschnittenen Halme sind mit Wasser gefüllt und halten die kleinen Blüten frisch.

153

Einfach fröhlich! Den Serviettenring aus garnumwickeltem Draht können Sie mit einer Zange leicht selbst zurechtbiegen. Schieben Sie eine einzelne Margerite in die Spirale, das sorgt für sommerlichen Charme am Gedeck.

154

Die Natur hat die besten Ideen. Der Japanische Flügelknöterich zum Beispiel kann es mit echten Designerstücken aufnehmen. An einer Stelle eingeschnitten, wird er an die Serviette geklemmt und dünner Golddraht hält ein Namensschild.

155

Bringen Sie stimmungsvolles Licht in romantische Sommerabende. In einfache Gläser werden Wasserlinsen gefüllt und Schwimmkerzen eingesetzt. Im Nu entsteht das Gefühl, lauschige Stunden am Seeufer zu verbringen.

156

Mini Idee, maxi Wirkung! Kleine Tontöpfe passen sich mit Farbe jeder Tischdekoration an. Japanischer Flügelknöterich, mit Rindenstücken befestigt, nimmt genug Wasser auf, um Blüte und Ähre einige Stunden frisch zu halten.

157

So modern kann eine natürliche Tischdekoration aussehen. Der selbst geformte Serviettenring aus garnumwickeltem Draht ist auch für Bastelanfänger mit einer Zange leicht gebogen. Zum Schluss wird ein Hirse-Fruchtstand eingefügt.

158

Ein echter Hingucker auf der eigenen Kaffeetafel oder ein außergewöhnliches Blumengeschenk für die nächste Einladung. Die üppige Pfingstrosentorte wird auf Steckschaumbasis hergestellt und macht aus jedem Laien einen blumigen Zuckerbäcker.

159

Blütenreiche Petit Fours. Statt Schokolade und Biskuitteig stehen Steckschaum, Schleierkraut, Schneeball und Rosen auf der Zutatenliste. Kleine Dekoherzen aus Draht oder Stoff werden zum Topping und ersetzen die süße Glasur.

160

Serviettenring mit individueller Duftnote. Ideal für ein würziges, mediterranes Mahl. Verwenden Sie für die kleinen Sträuße ruhig verschiedene Kräuter. Besonders eignen sich Thymian, Rosmarin, Oregano und Salbei.

161

So wird eine gewöhnliche Kerze zum Duftlicht. Das zarte Kränzchen ist aus Draht locker gewunden und wird mit Schmucknadeln in den Wachs gesteckt. Die Kräuter können Sie nach ganz persönlichem Geschmack auswählen.

162

Edler Dekopin für die feine Tafel. Der Perlenspieß ist durch ein Thymiankränzchen gestochen, das mithilfe von Draht schnell gewickelt ist. Wer möchte, kann daran auch noch ein Namensschildchen befestigen. Das erleichtert die Tischordnung.

163

Verführerisch süße Tischkarten. Die kleinen Faltschachteln sind mit dragierten Mandeln gefüllt. Verschnürt und mit einem Namensschild versehen, werden sie für die Gäste zur liebevollen Erinnerung an einen ganz besonderen Tag.

164

Ehre, wem Ehre gebührt. Das zeigt sich auch schon mal am Sitzplatz. Die blumige Girlande wird mithilfe von Draht gebunden und mit langen Bändern, die schön im Wind flattern, an den Stühlen befestigt. Wer hier wohl Platz nehmen wird?

165

Zwei Ringe als Symbol für die unendliche Liebe des Brautpaares. Sie sind aus Grasknoten und Draht gefertigt und zeigen deutlich: Hier sitzen die beiden Hauptpersonen. Lange Organzabänder dienen der Befestigung und wirken besonders zart.

166

Ein bisschen Deko soll sein, selbst, wenn's schnell gehen muss? Dann sind diese Serviettenringe aus Papierdraht fix gewickelt. Mit ihrem schlichten, rustikalen Look passen sie gut zu jeder Feier unter freiem Himmel.

167

Es grünt so grün ... wenn Windlichter sich mit Wiese schmücken. Die Deko funktioniert mit dem Glas-in-Glas-Trick. Stellen Sie das kleinere Gefäß mit der Kerze in ein größeres mit Wasser und Gras gefülltes. So kann garantiert nichts anbrennen.

168

Der ganze Charme einer blühenden Sommerwiese liegt in diesem kleinen, aber üppigen Kränzchen. Die Blüten sind in einen Steckschaumkranz gesteckt, der im unteren Teil mit frischem grünem Gras und Haften ummantelt wurde.

169

Wiesenoptik, die ans letzte Picknick im Grünen erinnert. Legen Sie ein Bund dicke Grashalme um die Serviette und verbinden Sie die Enden auf der Unterseite mit Silberdraht. Sind die Grashalme lang genug, können Sie sie auch einfach knoten.

170

Grünes Licht für das festliche Essen. Schlichte Stumpenkerzen werden mit schlaufenförmig angelegtem Gras veredelt. Die Halme werden mit dem Tacker an der Kerze befestigt. Breites Band kaschiert diese Technik.

171

Damit die Gäste auch wirklich einen netten Abend haben, sorgt eine Tischordnung für die Sitzverteilung. Ein eckiger Teller verrät, wer mit wem zusammen sitzt. Die Gästeliste einfach mit Band befestigen und Grashalme darunterklemmen.

172

Die Natur bittet zu Tisch. Der eindrucksvolle Blütenreigen ist etwas für fortgeschrittene Dekorationskünstler. Aus angedrahteten Grasbündeln entsteht die Girlande, in die einzelne Blüten in Reagenzgläsern eingesteckt werden.

173

Fast asiatisch reduziert mutet dieses Tischkärtchen an. Das beschriftete Transparentpapier liegt auf einem farblich zum Geschirr passenden Papierstreifen. Beides wird mit langen Grashalmen zusammengehalten.

174

Welche Köstlichkeiten das Kuchenbüfett bereithält, verrät dieser selbstgemachte Aufsteller. Beziehen Sie dafür Pappe mit dekorativem Geschenkpapier und binden Sie eine Banderole aus beschriftetem Pergamentpapier mit einer Blütenranke darum.

175

Ruckzuck angeklemmt ist dieser Blütenschmuck. Zur Befestigung dient eine hölzerne Wäscheklammer. Verwenden Sie für diese Deko möglichst verholzende Blütenstängel, die kommen auch mal eine Zeit lang ohne Wasserversorgung aus.

176

Zweckentfremdet. Die blau-weiß gestreiften Lampions machen alte Marmeladengläser salonfähig. Dafür werden die Kerzenhalter im Inneren einfach mit der Zange abgeklemmt, die Gläser mit Wasser und Blüten gefüllt und in die Laternen gestellt.

177

Glänzender Auftritt für einzelne Blüten. Die prächtigen Dolden des Zierlauchs sind in Steckschaum fixiert, der mit Muscheln abgedeckt wird. Zarte blaue Bänder flattern im Wind und sind einfach um den langen kahlen Blütenstängel geknotet.

178

Für fleißige Handarbeiterinnen. Das Häkelband ist mit Perlen verziert und aus verschiedenen blauen Garnen gefertigt. Das gewisse Etwas bringen grüne Pflanzenranken, die durch die groben Maschen gezogen werden.

179

Wie eine kühle Meeresbrise erfrischt die ganz in Blau gehaltene Bumenkugel das Auge. Als Basis dient den Blüten Steckschaum. Besonders raffiniert: Platzieren Sie das Gesteck statt in einer Schale doch mal auf einem einzelnen Agavenblatt.

180

Maritimer Look mit griechischem Flair. Die gemusterten Schalen erinnern an die typischen Mosaiken des Südens. Eine gelbe Blütenmischung bringt die Sonnenstrahlen an die Tafel und weckt zusammen mit kleinen Segelschiffchen das Fernweh.

181

Mit dieser Dekoration machen Gastgeber garantiert einen guten Fang. Die Keramikschalen in Fischform sind mit Steckschaum und einer frischen gelb-grünen Blütenmischung gefüllt. Grobe Kordel und Muschelaccessoires passen zum Meeresthema.

182

Kleine Sträußchen erleichtern Blumenfreunden die Platzsuche. Binden Sie zunächst Bündel aus Heu. Stecken sie dann zwei bis drei Blüten in wassergefüllte Orchideenröhrchen und schieben Sie diese zwischen das Heu.

183

Tischkarten auf die schnelle Art. Beschriften Sie Kunststoffblüten mit dem Namen der Gäste und stecken Sie je eine langstielige Rose hindurch. Halten Sie eine Vase bereit, die die Blumen während des Essens mit Wasser versorgt.

184

Ab in die Tüte. Das heißt es hier für eine Ringelblume, die mit einem Orchideenröhrchen fest im Drahtgeflecht sitzt. Schnell noch ein Namensschild daran gebunden und fertig ist die blühende Tischkarte, die jeder gerne mit nachhause nimmt.

185

Kugelrund und bunt. Diese Dekoration macht Lust auf den Sommer. Kunststoffbälle und Steckschaumkugeln werden zunächst mit verschiedenen Materialien ummantelt und dann mit blütengefüllten Orchideenröhrchen bestückt.

186

Sinnlicher Büfettschmuck in reizvoller Farbgebung. Die Rosen bekommen durch Steckschaumkegel Stand und werden mithilfe von Orchideenröhrchen mit Wasser versorgt. Blütenblätter, Papier und Perlenband sorgen für den besonderen Kick.

187

Alles, was er braucht, findet der Gast in diesen bunten Bechern: Besteck, Serviette, Menükarte und natürlich eine kleine Blütendekoration. Die steckt in einem papierummantelten Orchideenröhrchen und ist jederzeit herausnehmbar.

188

Da steigt die Laune! Die coolen Drinks sorgen für pure Erfrischung. Allerdings nur fürs Auge. Das leuchtende Korallenmoos wird einfach mit seinem Topf in die geringelten Becher gesetzt. Strohhalm rein und Zitrusscheibe dran, fertig!

189

Originelle Halter für einzelne Blüten. Die Stängel des Japanischen Flügelknöterichs eignen sich blendend als Vase. Umwickeln Sie mehrere mit Band, stellen Sie das Bund in eine Schale und füllen Sie die Stängel mit Wasser und Sommerblumen.

190

Zitrusfrisch und farbenfroh, so zeigt sich der Sommer von seiner besten Seite. Der bunte Steckschaum wird mit einzelnen Blüten und Blättern besteckt. Der Clou sind Limettenscheiben, die mit Schmucknadeln seitlich daran fixiert werden.

191

Spritziger Deko-Cocktail in Regenbogenfarben. Bunter Sand, tropische Früchte und rosafarbene Strohhalme sind die Zutaten. Zum absoluten Eyecatcher werden mehrfarbige Rosen, die der Dekoration die Krone aufsetzen.

192

Ein wenig Südseeflair gefällig? Große Muscheln und die leuchtenden Blüten der Ruhmeskrone machen diesen Kerzenständer zum Schmuckstück. Als Basis dient Steckschaum, in dem die große Stumpenkerze mit Draht verankert wird.

193

Gruß aus dem Paradies. Die Strelitzie zieht alle Blicke auf sich und ist der perfekte Schmuck für ein südländisches Büfett. Den Halt gebenden Steckschaum kaschieren bunte Strohhalme, die an den Rand der Gläser gesteckt werden.

194

Design aus der Natur. Die Serviettenringe sind ruckzuck aus Gras gebunden, die Enden werden einfach verknotet und unter die Wickelungen geschoben. Edel und sehr natürlich, für alle, die es bei der Tischdeko lieber reduzierter mögen.

195

Deko einfach gemacht. Eine Wäscheklammer hält die einzelne Mohnblume und dient mit einem angedrahteten Pergamentpapier als Tischkarte. Wer auf Glamour steht, vergoldet die Klammer. Seidenblüten bleiben mehr als einen Abend frisch.

196

Sommerlicher Hingucker. Geknotete Grannenlilienblätter geben den Zinnienblüten Halt. So können Sie für wenige Blumen ruhig eine größere Vase verwenden. Wichtig: Sie sollte durchsichtig sein, damit die raffinierte Idee zur Geltung kommt.

197

Eine Tischkarte auf der Rolle. Die Blätter des Chinaschilfs werden mit farbigem Isolierband zusammengehalten und das Namensschild einfach eingeklemmt. Ein Stück Steckschaum hält die Zinnie als blühenden Mittelpunkt frisch.

198

Natur am laufenden Meter. Doch der erste Blick täuscht. Für den ausgefallenen Serviettenring benötigen Sie einige Blätter des Chinaschilfs, die mit Isolierband verbunden werden. Das Ende kann zusätzlich mit einer Schmucknadel fixiert werden.

199

Grün-weißer Streifenlook für Kerzen. Dafür wird eine Pappscheibe zunächst mit Dschungelmoos, anschließend mit Schlangenbartgräsern umwickelt. Die Enden mit Stecknadeln fixieren. So können Sie schlichte Kerzenhalter ein wenig aufpeppen.

200

In Reagenzgläsern drehen verschiedene Blüten in Grün-Weiß ihre Kreise auf der Tafel. Stand bekommen die Gläser durch dicke Pappscheiben, die mit Schlangenbartgräsern umwickelt, mit Pfefferminztee bestreut oder farbig angestrichen sind.

201

So weiß jeder, was serviert wird und auf den Tisch kommt. Das Reagenzgläschen ist mit Sonnenblumenkernen und der Speisekarte gefüllt. Ein grün angestrichener Pappring sorgt für den richtigen Dreh und verleiht dem Glas Stand.

202

Jetzt ist Beerenzeit. Die noch nicht voll ausgereiften Brombeeren sind dekorativ und lassen sich gut verarbeiten. Mit Nadeln an Steckschaum gepinnt, sind sie die Basis für süße Tischkarten mit Blüte und Namensfähnchen.

203

Fruchtiger Serviettenring passend zur Kaffeetafel mit Beerentorte. Wer ließe sich da nicht gerne zu einem zweiten Stückchen verführen. Die Blattseiten sind mit ein paar Stichen genäht, Knöpfe und Beeren mit Floralkleber daran fixiert.

204

Ob Fruchtsaft oder Wein, aus einer so stilvoll geschmückten Karaffe schmeckt jedes Getränk gleich nochmal so gut. Ein paar Früchte und Blütenknospen sind fix an Papierdraht befestigt und lose um den Flaschenhals geschlungen.

205

Blitzdeko für die letzte Minute. Wickeln Sie farbigen Papierdraht mehrfach um die Servietten und befestigen Sie daran einen Zweig Brombeeren. Achtung: Verwenden Sie ausschließlich unreife Beeren, das verhindert unschöne dunkle Flecken.

206

So wird die Tischkarte zum Glanzpunkt auf der Tafel: Winden Sie aus Silberdraht eine Kugelform. Für die Wasserversorgung von Rose und Brombeeren sorgt ein Orchideenröhrchen, das in die Drahtkugel geklemmt wird.

207

Ein Fruchtspieß wie zum Anbeißen, wären da nicht die zwar dekorativen, aber leider nicht genießbaren Hagebutten. Wer den Serviettenschmuck als Nachtisch vernaschen möchte, ersetzt die grünen Früchte einfach durch kleine Erdbeeren.

208

Eine echte Schnapsidee ist diese Dekoration. Kleben Sie die Kunststoff-Schnapsgläschen mit je einem Tropfen Heißkleber auf ein Brett. Mit farbigem Wasser füllen und ein paar kurz geschnittene Blüten hinein. Vielleicht für die nächste Gartenparty?

209

Tischkarten nicht nur für Schnapsdrosseln. Füllen Sie die Kunststoffgläser mit gefärbtem Wasser und setzen Sie ein Teelicht ein. Eine aus Draht gebogene Schnecke hält das Namensschild. Zum gleichmäßigen Biegen am besten eine Zange verwenden.

210

Zauberhaft wirkende Deko, die außerdem lange hält. Denn sowohl Sternfrüchte, als auch Kosmeenblüten sind aus Kunststoff. Bohren Sie mit einem spitzen Messer ein Loch in die Früchte und stecken Sie die Blumenstängel einfach hinein. Fertig!

211

So richtig sommerlich kommen die künstlichen Kosmeen daher. Optische Frische verleihen ihnen Orangenscheiben aus Kunststoff, die übereinander auf Alutöpfe geklebt werden. Zum Schluss die Blüten mit ihrem Drahtstiel einfach durchstecken.

212

Fröhliche Steckhilfe für bunte Sommerblumen. Der Deckel aus farbigen Hobelspänen wird Stück für Stück zusammengeklebt und auf ein zylindrisches Glasgefäß gelegt. Gräser und Blüten wie aus dem Bauerngarten sind schnell eingestellt.

213

Durch dick und dünn geht's mit den unterschiedlich großen Rollen aus Filz, die mit Stecknadeln fixiert sind. Wassergefüllte Reagenzgläschen werden einfach eingeschoben. Am besten wählen Sie die Blumen in der Farbe des Filzes.

214

So erquickend kann ein Gesteck fürs Büfett wirken! Die zitronengelbe Blütenmischung ist in einer Karaffe in Steckschaum gesteckt. Drum herum steigern Zitronenscheiben die Lust auf Saures. Wie wär's mit einem Zitronensorbet dazu?

215

Erfrischung gefällig? Dann sind diese spritzigen Dekodrinks vielleicht das Richtige für Sie. Gelbe Früchte geben einzelnen Blüten den nötigen Stand. Am schönsten ist die Wirkung, wenn Sie gleich mehrere Gläser zusammen arrangieren.

216

Holen Sie sich die Sonne auf den Tisch! Ein Mix aus strahlenden Korbblütlern von der Margerite bis zur Dahlie sorgt als niedriger Strauß in einem gelben Glasgefäß für gute Laune. Kordeln und Gummiband halten den „Zaun“ aus Holzstäbchen.

217

Manchmal fehlt es an den passenden Kerzenleuchtern für eine große Tafel. Mit Kreisen aus Spanplatte, die einfach mit der passenden Farbe angestrichen werden, kann man zu jedem Dekolook die passenden Untersetzer zaubern.

218

Schnell gesteckt ist der sommerliche Schmuck in der frischen Kombi aus Rosen, Disteln und Kräutern. Ein Lavendelkränzchen wird oben eingefügt und das Gefäß mit einer Serviette im Stil Delfter Porzellans umhüllt.

219

Blühende Stars und Stripes. Papierservietten sind die Blitzlösung auf der Suche nach den passenden Gefäßen für die Sommertafel. Um einfache Gläser gelegt, mit Klammern oder Klebstoff gehalten, geben sie einen tollen Rahmen für bunte Blüten ab.

220

Willkommen lieber Ehrengast! Bereiten Sie Geburtstagskindern oder Brautpaaren einen würdigen Empfang: Ein Kranz aus Blütenblättern und ganzen Blüten, auf Draht gefädelt, schmückt die Gedecke der Hauptpersonen.

221

Hauchzart ist die zarte Chiffonhülle, in der die Stoffserviette aufbewahrt wird. Die unkomplizierte Serviettentasche besteht aus einem Stück Schlauchband. Obenauf ist eine Optimismus verbreitende Ringelblume gelegt.

222

Obst ist gesund und ein netter Willkommenssnack, den Sie Ihren Gästen anbieten können. Einfach Weintrauben in ein schönes Glas geben und ein laminiertes Blatt daranbinden. Mit den Namen beschriften und am Glas befestigen.

223

So dekorativ kann Vitamin C sein: Die kleinen Kumquats sind immer abwechselnd mit Perlen auf Draht gezogen und zum Kranz gebogen worden. Mit zarten Satinbändern in frischen Grüntönen verraten sie die Plätze der Gäste.

224

Machen Sie sich einen Knoten ins Taschentuch. Oder in die Serviette – und stecken Sie eine Margerite hinein. Diese unkomplizierte Idee kommt beim nächsten Kindergeburtstag genauso gut an wie beim rustikalen Essen auf der Terrasse.

225

Das werden Schleckermäuler lieben! Eine fröhliche Margerite wippt, mit Draht befestigt, an der bunten Flasche von zuckersüßer Limonade. So punkten Sie garantiert auf der nächsten Geburtstagsparty bei den Kids.

226

Bandeln Sie doch mal wieder an! Äpfel und Birnen stellen sich als dankbare Kartenhalter zur Verfügung. Sie müssen nur noch bunte Bänder und Namensschildchen mit hölzernen Wäscheklammern daranklemmen.

227

Wenn Naschkatzen da nicht schwach werden! In den Gläschen stecken jede Menge leckere Weingummis und eine fröhliche gelbe Gerbera im Glasröhrchen. Ein Moosgummischild verrät, wem das süße Glas gehört!

228

Fastfood ist besser als sein Ruf! Überraschen Sie doch mal mit floralem Schaschlik und stecken Sie Färberdistel, Sonnenhut, Galaxblätter, Tillandsien und Zitronenscheiben mit bunten Steckschaumwürfeln auf den Spieß.

229

Darf's noch ein Stückchen sein? Diese Torte ist ein Genuss für die Augen, der sich garantiert nicht auf den Hüften festsetzt. Auf einem Steckschaumboden sitzen Frauenmantel, Bartnelke und eine täuschend echt wirkende Erdbeere.

230

Die Eistüte stand Pate bei den lustigen Tischkarten. Ihre Basis sind aus Tonpapier geformte Tüten, die mit üppigen Dahlien im Orchideenröhrchen und Perückenstrauch gefüllt sind. Die Halter sind aus buntem Aludraht gedreht.

231

Auf Ihrer Tafel ist zu wenig Platz für Tischdeko? Dann hängen Sie doch fröhliche Blumen darüber! Zum Beispiel in bunten Tüten aus Folie, die mit Gräsern und Blüten in Orchideenröhrchen gefüllt sind. Zusätzlich schmücken Heidekränzchen.

232

Sauer macht lustig! Die erfrischende Limonade schmeckt noch mal so gut, wenn auf dem Tisch Zitronen den Job von Vasen übernehmen. Gerbera blühen in Reagenzgläsern, für die mit dem Apfelausstecher ein Loch vorbereitet wurde.

233

Bei der zitrusfrischen Tischdeko behalten Ihre Gäste einen kühlen Kopf. In ausgehöhlte Zitronenhälften wird Sternmoos gesetzt. Die Namensschildchen können Sie ganz einfach mit Ziernadeln und Geleefrüchten fixieren.

234

Sommer pur! Kräuter und Zitrusfrüchte verbreiten ihr unvergleichliches Aroma. Binden Sie Thymian- und Rosmarinzweige mit Bast um einfache Trinkgläser. Füllen Sie die Mitte mit leuchtend gelben Blüten sowie aufgespießten Limettenhälften.

235

Für die nächste Sommerparty. Die kleinen Kräuterbündel aus Lorbeer- und Thymianzweigen sorgen für mediterranes Flair. Mit Namensfähnchen, die an Holzspießen befestigt und in die Kräuter gesteckt werden, weisen sie jedem Gast seinen Platz zu.

236

So wird der Nachschub für die fröhliche Runde zur Tischdeko: Stülpen Sie den Weinflaschen einen Mantel aus grünem Filz über, der mit dekorativem Band, Kräuterkränzchen und Lorbeerblatt einen mediterranen Look bekommt.

237

Landhauslook fürs Weinglas. So wird aus dem schlichten Glas ein Schmuckstück für die Sommertafel: Das Rosmarinkränzchen ist mit Draht befestigt und bekommt mit dem Holzstäbchen und zwei salbeigrünen Perlen noch einen Hingucker.

238

Da wird die Sommerwiese zum Höhepunkt der Tafel. Ein Kranz aus Kräutern und Wiesenblumen, üppig und aromatisch, umringt ein schlichtes Windlicht aus Glas mit dicker Stumpenkerze. Garantiert stimmungsvolles Licht für eine Sommernacht!

239

Bon appétit! So dekorativ kann eine Vorspeise sein: Der würzige Ziegenkäse trägt gleich ein Schildchen, das seinen Besitzer kennzeichnet. Ein dickes Kräuterbett schützt die kunstvoll gefaltete Serviette und sorgt für himmlisches Aroma.

240

Kleiner Gruß vom Mittelmeer. Binden Sie einfach einen Olivenzweig an eine Stoffserviette und schon fühlt sich die Runde wie in bella Italia. Die Kombination aus Chiffonband in Olivgrün mit auberginefarbenem Satinband ist besonders stilecht.

241

Das Licht des Südens strahlt auch in unseren Breiten. Man braucht nur kleine Terrakottatöpfe, die man umdreht und mit Kerzen bestückt. Ein Kränzchen aus Olivenzweigen darum und Knoblauch drangehängt: Fertig ist la dolce vita!

242

Nicht nur eine Delikatesse und gesund. Artischocken spielen auch als Tischschmuck eine Rolle. Das oberste Stück der Blüte entfernen, ein Teelicht einsetzen und „Blätter“ aus lilafarbenem Tonpapier zwischen die echten stecken.

243

Sie erwarten Menschen, die die südliche Küche lieben? Überraschen Sie sie mit Knoblauch als Tischkarten. Ein buntes Schild an die Knolle gebunden, mehr gibt es nicht zu tun. Vampire allerdings müssen dann leider draußen bleiben.

244

Überreichen Sie Ihren Gästen doch mal Blumen. Kleine Sträußchen aus Rosmarin und Wicken werden in eine Bandmanschette gesteckt. Zum Schluss noch einen Papierstreifen mit den Namen darum – so viel Charme kommt an!

245

Lässige Picknickatmosphäre. Eine Gruppe Flaschen mit frischem Weißwein, extra für das große Fest etikettiert, wird zum Blickfang, wenn sie mit dekorativen Bändern und Fundstücken aus der Natur in Szene gesetzt ist.

246

Wirklich beruhigend ist die Atmosphäre, die diese blitzschnell gefertigte Lichteridee ausstrahlt. Füllen Sie einfach Lavendelbüten in ein Wasserglas und setzen Sie ein Teelicht darauf. Da bleibt noch viel Zeit zum Entspannen!

247

Windlicht mal ganz anders! Die Stabkerzen passen genau in die hohen, schlanken Gläser und werden so auf Balkon oder Terrasse vor dem Abendwind geschützt. Romantisch wird es mit Lavendelzweigen, die ein wenig Wasser frisch hält.

248

Nichts bringt mehr sommerliches Flair auf Ihre Tafel als ein Mix aus den Bauerngartenschönheiten Kapuzinerkresse und Zinnie. Ganz besonders raffiniert wird der Farbkontrast, wenn die Blüten eine Manschette aus Lavendel bekommen.

249

Wohltuender Gruß für liebe Gäste: Zarte Chiffonsäckchen werden mit Kräutern wie Rosmarin und Lavendel gefüllt und mit edlen Samt- und Satinbändern zusammengehalten. Wer dann noch Zettel mit Silberschrift daranheftet, liegt goldrichtig!

250

Im Mittelpunkt des charmanten Trios steht ein Schälchen, in dem allerhand Spätsommerblüten wie Hortensien oder Leberbalsam glänzen. Steckschaum hält sie frisch. Dazu gesellen sich zwei Schalen mit Granulat und Schwimmkerzen.

251

Diese Törtchen verwöhnen das Auge Ihrer Gäste. Spätsommerblüten in gedämpften Lilatönen werden in Steckschaum arrangiert. Legen Sie dann noch Furnierband darum und geben Sie den optischen Leckerbissen einen Ehrenplatz.

252

Das kommt Ihnen nicht in die Tüte? Bei diesen liebevoll mit Stoff-und Tapetenresten bezogenen Exemplaren sollten Sie eine Ausnahme machen und sie, mit Kräutern gefüllt, über Tisch oder Büffett hängen. Auch kleine Kränze passen dazu.

253

So wird das Besteck am rustikalen Büffett stilgerecht präsentiert: Einfach ein Einmachglas mit kariertem Geschirrtuch und Band umwickeln. Wer mag, bindet ein Kränzchen aus Steckzwiebeln, einen Kräuterzweig und eine Zierdrahtkugel daran.

254

Ozapft is! Lassen Sie sich das frisch Gezapfte schmecken und zaubern Sie Oktoberfestflair mit Gläsern, die mit gefärbtem Wasser gefüllt sind und von Schaum aus weißem Steckschaum gekrönt werden. Einfach Blüten und Ähren durchstecken.

255

Wer sich um dieses Schild versammelt, der kommt dem Alpenglühen ziemlich nah, blühen doch Enzian und Edelweiß in dem kleinen Gesteck, das sich auf einer Astscheibe und mit Brezeldekoration wirklich zünftig herausgeputzt hat.

256

Da sind Hopfen und Malz nicht verloren: Die Bierflaschen mit Bügelverschluss überzeugen auf der Outdoortafel als Vasen, in denen orangefarbene Rosen und Dahlien stehen. Filzband und Lampionblumenkränzchen setzen weitere Akzente.

257

Rundum gelungen ist das Kränzchen aus den Früchten der Lampionblume. Ziehen Sie sie einfach auf dünnen Draht binden Sie Satinband daran und schon ist ein Eyecatcher fertig, der auch Teller und Kerzen schmücken könnte.

258

So dekorativ kann Glasrecycling sein: Die vier nostalgischen Bierflaschen sind durch eine rustikale Kordel fest miteinander verbunden. Ein Mix aus gelben und orangefarbenen Blüten steckt in den einzelnen Flaschenhälsen.

259

Damit Ihre Gäste wissen, an welchem Biertisch sie die Party genießen sollen: Bekleben Sie eine Flasche mit einem Zettel, auf dem die Namen aller Freunde stehen die hier Platz nehmen werden. Da fühlt sich gleich jeder persönlich empfangen!

260

Ein Kartoffeltopf kann auch dekorativ sein! Bei dieser Idee dienen Erdäpfel als Steckhilfe für Dahlien, Dill und Trommelschlägel. Das geht ganz einfach und schnell und ist außerdem auch ein tolles Thema für's Menü.

261

Sie lieben's eher geradlinig als rustikal? Wie wär's mit diesem Serviettenschmuck? Beschriftetes Pergamentpapier wird auf ein Holzstäbchen gesteckt. Skabiosenfruchtstände, Trommelschlägel und ein Zieräpfelchen sorgen für Halt.

262

Schick in Schale sind hier die blühenden Schätze des Herbstes auf die Tafel gebracht. Eine üppige Chrysantheme, Trommelschlägel und Mahonienblätter leuchten in der braunen Keramik und sitzen sicher und frisch in Steckschaum.

263

Einen warmen Lichtschein zaubern Sie im Nu auf den Tisch, wenn Sie eine kleine orangefarbene Stumpenkerze an jedem Platz aufstellen. Einfach ein paar Lampionblumenfrüchte dazulegen und schon wird die Atmosphäre warm und herbstlich.

264

Lassen Sie die letzten Strahlen der Sonne auf der geselligen Tafel scheinen! Einfach zwei Gläser ineinander gestellt, das kleinere mit leuchtenden Blüten und den Zwischenraum mit Stroh gefüllt. Das verspricht gute Laune!

265

Blitzschnell aber wirkungsvoll! Eine einzelne Ähre, längs um eine braune Leinenserviette gelegt, das ist etwas für Puristen. So schlicht in Szene gesetzt, passt die Dekoidee ganz besonders gut zu einem Service mit viereckigen Tellern.

266

Kreuz und quer eingewickelt haben Sie ganz schnell effektvolle Lichter für den herbstlichen Tisch gebastelt. Einfach Stroh und bunte Kordel um ein Glas legen und verknoten, eine Stumpenkerze hinein und schon leuchtet es gemütlich.

267

Ährensache, dieser Serviettenring ist ganz natürlich. Die Ähren werden mit schmalem Satinband Stück für Stück aneinandergeknotet und mit einer Schleife um die orangefarbene Serviette gebunden. Darin versteckt sich das Besteck.

268

Der Mini-Blumenstrauß ist eine liebe Aufmerksamkeit an jedem Platz. Stellen Sie eine einzelne Rose in den Mittelpunkt und umgeben Sie sie mit einem Mix aus kleinen Blüten. Ein simples Glas und passend gefärbtes Wasser machen's perfekt!

269

Ganz schön extravagant sind die blühenden Würfel, die in der Mitte der Tafel wirkungsvoll platziert werden können. Steckschaumwürfel mit Beeren oder Blättern dicht an dicht bestecken und oben zart blühende Rosen einstecken.

270

Kastanientiere sind eine Tischdeko, die Groß und Klein schon beim Vorbereiten viel Spaß machen. Nach dem Waldspaziergang braucht es Fantasie, Zahnstocher, Perlen, Moosgummi und Draht für die sprechenden Köpfe.

271

So edel kann die herbstliche Frucht auch aussehen: Verteilen Sie Kastanien mit und ohne Schale auf einem Holzstab, ein Kränzchen dazu und ein Namensschild. Das passt ganz besonders, wenn Maronen auf der Speisekarte stehen.

272

So edel kann der Herbst sein: Die faszinierende Struktur der Pompondahlie, eine Schichtung aus grünem Judastaler und weiße Kerzen, mit Wollziestblättern umwickelt, betonen die moderne Form des Geschirrs und sorgen für Stimmung.

273

Weisen Sie Ihren Gästen mit floralem Sushi den Weg! Die Strukturen und Grüntöne verschiedener Blätter kommen kombiniert besonders zur Geltung. Binden Sie ein Namensschildchen daran und platzieren Sie das Ganze in einer Keramikschale.

274

Setzt Servietten in Szene: Ein Ring aus Wollziest-, Schneeball- und Grannenlilienblättern. Mit dieser Idee punkten Sie garantiert, wenn Sie Ihre Gäste mit einem ganz modernen Ambiente in Weiß und frischem Grün überraschen wollen.

275

Klassische Idee, moderner Look. Bei großen Festen ist eine Menükarte guter Stil und später eine schöne Erinnerung. Modern wirkt's, wenn die Karte mit einem laminierten Wollziestblatt geschmückt und die gewählte Schrift schnörkellos ist.

276

Für einen besonderen Anlass, darf die Tischdeko auch mal etwas aufwändiger sein. Wie wär's mit kleinen Bäumen als Tischkarte? Die Krone besteht aus Fruchtständen der Clematis, die mit Klebstoff vorsichtig in Form gebracht werden.

277

Sie mögen's gerne flauschig und weich? Dann sind diese Serviettenringe aus Clematisfruchtständen genau das Richtige. Pappe dient dabei als Basis. Für Eleganz sorgen Dekokristalle, die mit Drahtschnecken an den Ringen fixiert werden.

278

Warum statt Strauß oder Gesteck nicht mal Bäumchen in der Tischmitte platzieren? Kleine Myrten eignen sich dafür besonders gut, aber auch verschiedene Koniferen. Die braune Erde wird mit unterschiedlichen Beeren abgestreut.

279

Besonders romantisch wirken diese Tischkarten mit Rosen in Altrosé, die in kleine Füllhörner gesteckt werden. Beim Formen mit Silberdraht brauchen Sie etwas Geschick. Dafür sind die Namensschildchen umso einfacher angebracht.

280

Wenn im Herbst die Ernte eingefahren ist, laden Kornähren als Dekoration an den Tisch. Sie werden mit Band um hohe Gläser gebunden, in denen verschiedene Blüten Farbtupfer setzen. Praktisch: Je nach Gästezahl ist diese Deko beliebig erweiterbar.

281

Schlicht und dabei doch ein liebevolles Detail auf der gedeckten Tafel. Der Serviettenring ist aus Weizenähren und Draht schnell gebunden. Daran noch ein rustikales Karoband geknotet und fertig ist die kleine Dekoidee im Countrystyle.

282

Reiche Ernte! Jede Menge Körner sorgen für Höhe bei den Teelichtern. Sie werden in schmale, hohe Vasen gefüllt und die mit Band umwickelten Kerzen einfach daraufgesetzt. Bei größeren Gesellschaften verraten Namensschilder, wer wo sitzt.

283

Leuchtend rot und ohne Macken sollten die Äpfel sein, die jedem Gast ihren Platz zuweisen. Nur dann wirkt die Deko knackig und appetitlich. Binden Sie die Namensschilder einfach an Papierdraht, dann wippen sie fröhlich über der Tafel.

284

Wirkt fröhlich und ist schnell gemacht: Wählen Sie Leinenservietten und verschiedene schmale Bänder in Rot-Weiß. Diese werden um die gerollten Servietten geknotet und dabei je ein Zieräpfelchen am Stiel mit eingebunden.

285

Kerzenlicht ganz natürlich. So werden aus schlichten Haushaltskerzen echte Hingucker. Bohren Sie die Löcher für die Kerzen am besten mit einem Apfelausstecher in die Früchte. Noch ein paar Beeren und kariertes Band drum herum – schon fertig!

286

Fruchtige Vasen für Naturfreunde. Mit einem Apfelausstecher werden die Vertiefungen für Reagenzgläser gebohrt und diese vorsichtig eingesteckt. Wählen Sie als blumige Füllung am besten Blüten in Bauerngartenoptik. Das wirkt natürlich.

287

Einfacher und schneller können Sie den Tisch nicht dekorieren. Stellen Sie eine dicke Stumpenkerze in ein großes Glasgefäß und füllen Sie eine bunte Beerenmischung dazu. Die so gestalteten Windlichter eignen sich auch prima für draußen.

288

Der neue Wein ist da! Da kommt diese Dekoration gerade recht. Aus Weinranken, leuchtend rot gefärbtem Weinlaub und Draht sind schnell kleine Kränze als Kerzenschmuck gebunden. Wer Blüten bevorzugt, braucht etwas mehr Geschick.

289

Wer wilden Wein an seiner Hauswand hat, züchtet ganz nebenbei das tollste Dekomaterial. Legen Sie zunächst einige Weinblätter um die gerollten Servietten und wickeln Sie dann ein paar Weinbeeren mit Bast darum. Sehr stilvoll, für alle Hobbywinzer.

290

Edellook für Countryfans. Ein Ring aus Weinranken hält die gefaltete Leinenserviette zusammen. Je nach persönlichem Geschmack lassen sich verschiedene herbstliche Souvenirs aus der Natur als kleines Sträußchen darunterklemmen.

291

Hat der Wein erst geschmeckt, sind die geleerten Flaschen viel zu schade zum Wegwerfen. Heben Sie solche mit besonders schönen Etiketten auf und dekorieren Sie sie mit Ranken, Blüten, Blättern und Bändern. Ideal als Büfettschmuck.

292

Hortensien erzeugen mit wenig Aufwand große Wirkung. Denn ihre üppigen Blütendolden sind an sich schon äußerst dekorativ. Wer dies noch übertreffen will, krönt die Dolden mit einer Dahlie und steckt eine Beere daran fest.

293

Serviettenring mal anders. Ein kleiner Kranz aus Hortensienblüten und Draht wird wie eine Schnalle um das Tuch gelegt. Verwenden Sie zum Verschließen einen Holzspieß und schmücken Sie die Enden mit grünen Brombeeren.

294

Wenn sich überraschend Gäste angesagt haben, muss es manchmal schnell gehen. Erikatöpfe sind fix in Glasvasen gestellt und der Zwischenraum mit Blättern aufgefüllt. Dekorativ und praktisch zugleich, denn der Kulturtopf wird so schön verdeckt.

295

So werden einfache Stumpenkerzen salonfähig. Wichtig: Ziehen Sie dafür großzügig Draht von der Spule und verweben Sie ihn zu einem Band. Blätter und Beeren werden einfach festgeklemmt und alles mit Schmucknadeln an den Kerzen fixiert.

296

Schlichte Teelichtgläser sind äußerst wandlungsfähig. Mit rosafarbenem Geschenkpapier und transparentem Sisalband umwickelt, passen sie auf jede romantische Tafel. Ein Ring aus Erikablüten macht's herbstlich.

297

Ein wenig Glanz darf sein! Das breite Silberband steht im Kontrast zum groben Sisal und macht den Serviettenschmuck besonders reizvoll. Schön dazu: Ein aufgeklebtes Silberblatt, dessen Oberfläche ebenfalls silbrig schimmert.

298

Rundum gelungen. Die zarten Kränze aus hunderten winzigen Erikablüten sind ein toller Schmuck für schlichte Windlichter. Sie sind lange haltbar und lassen sich deshalb gut vorbereiten. Kurz vor dem Fest werden sie einfach an die Gläser gehängt.

299

Tischkarte mit herbstlicher Note. Das kleine Erikabündel wird mit Silberdraht zusammengehalten und mit einer aufgefädelten Perle verziert. Am besten kleben Sie die Blüten mit einem Tropfen Heißkleber auf das Namensschild, das geht ganz fix.

300

Die Frage, wer mit wem an einem Tisch sitzt, ist eine klare Herzensangelegenheit. Schneiden Sie dafür eine Basis aus Steckschaum in Form und bewickeln Sie diese von allen Seiten mit Erika. Das Namensschild wird einfach darangesteckt.

301

Teelichter ziehen alle Blicke auf sich, wenn sie mit solchen Strahlenkränzen dekoriert werden. Dafür wurden Perlen angedrahtet und an einem Kränzchen aus Erikablüten befestigt. Besonders extravagant auf hohen Kerzenständern.

302

Diese Tischkärtchen nimmt garantiert jeder gerne als Erinnerung mit nachhause. Das Wickeln der Herzen erfordert ein wenig Fingerfertigkeit, aber mit jedem Exemplar wächst die Routine. Zum Schluss mit Schmucknadeln die Namen anpinnen.

303

Wenn es festlich sein soll, wird das Tafelsilber rausgeholt. Dazu passt edles Samtband, verziert mit einem silbernen Herz. Beziehen Sie am besten gleich eine große Pappe mit silbernem Schlagmetall und schneiden Sie dann die Herzen aus.

304

In einer langen Reihe aus Gläsern – vielleicht ausrangierte Schnapsgläser – werden einzelne Blüten zum herbstlichen Blickfang. Dahlien, Rosen oder Beeren bekommen einfach tütenförmige Manschetten aus Erika und Zierdraht.

305

Ganz persönlich kommt die kleine Erikatüte daher, wenn ein Stück Tonpapier mit Namen darangebunden wurde. Nehmen Sie für die Füllung eine Blüte, die auch eintrocknen kann, dann wird gleich ein nettes Give-away daraus.

306

Kunterbunt kombiniert beweist der Kürbis, dass er mehr kann, als erschrecken: Ein Blick in den Fundus, und mit Gläsern, Bändern und einzelnen Blüten gestalten Sie eine trendige Deko. Die Teelichter befestigen Sie durch Halter mit Dorn.

307

Der Kürbis blüht auf und macht Lust auf herbstliche Leckereien. Dahlien & Co. quellen geradezu aus der ausgehöhlten Frucht und werden in Steckschaum frisch gehalten. Der Deckel wird einfach mit einem Holzstab wieder aufgesetzt.

308

Eine schmucke Kette aus einem kleinen hölzernen Kürbis und Lampionblumen rahmt die Pompondahlie, die mit Holunderbeeren in einem getönten Gläschen sitzt. Wenn die Blüte zu welken beginnt, kann sie einfach ausgetauscht werden.

309

Machen Sie sich doch einfach mal 'nen Schlitz in den Kürbis und stecken ihn von oben bis unten aus mit Dahlien, Mohnkapseln und allerhand herbstlichen Beeren. Die freche Farbkombination von Pink und Orange gefällt auch jungen Gästen.

310

Wenn es etwas zu feiern gibt, kommt der edle Sektkühler aus der Riesenbeere gerade recht! Der Deckel des ausgehöhlten ovalen Kürbis dient als Fuß. Die Hälften eines kleineren Exemplares werden mit Zahnstochern als Griffe fixiert.

311

Süße Vögelchen zwitschern, wo der richtige Sitzplatz ist! Bei den herbstlichen Tischkarten sind Fantasie und eine spitze Schere gefragt. Den Namen können Sie mit einem silberfarbenen Filzstift auf Pergamentpapier schreiben.

312

Der kulinarische Schwerpunkt des Menüs ist hier offensichtlich. Wählen Sie einen besonders schönen Zierkürbis aus und binden Sie mit schmalem Satinband ein Namenskärtchen daran. Wirkt schlicht und edel und ist im Handumdrehen fertig!

313

Die Früchte der Lampionblume fangen die letzten leuchtenden Strahlen der Herbstsonne ein. Mit dünnem Draht zum Kränzchen gebogen, liegen sie bei jedem Gast am Gedeck. Zum Schluss wird noch ein Namensschild daran befestigt.

314

Für edle Stunden im Herbst schmückt sich die raffiniert gefaltete Serviette mit einer Artischocke, deren Stiel mit goldenem Schlagmetall auf Hochglanz gebracht wird. Das geht ganz einfach und verwandelt den Tisch in eine festliche Tafel.

315

Tauchen Sie die Tafel in festliches Licht! Die Artischocke, mit dem Apfelausstecher ausgehöhlt, wird zum originellen Leuchter, in dem die dunkelrote Tafelkerze perfekt zur Geltung kommt. Wie wär's, wenn Sie das Menü auf die Deko abstimmen?

316

Vom Waldspaziergang auf die Tafel: Bündelweise werden dünne Zweige um einen Unterbau aus Steckschaum gewickelt und mit breitem Silberband gehalten. Braun, lila und silber – die raffinierte Kombination versetzt Gäste in Staunen.

317

Lagenlook für festliche Stunden. Mit dabei sind die Blütenblätter von Nelken, Kiefernnadeln und ein silberner Buchstabe, der jedem Gast seinen Platz zuweist. Verführen Sie Ihre Gäste mit schimmerndem Samt und Silberglanz.

318

An ein barockes Stillleben erinnert das Arrangement in einer edlen Schale mit Fuß. Wer dazu samtige Rosen und edle Lilien wählt und mit Blättern, knorrigen Ästen und Beeren kombiniert, setzt sinnliche Akzente auf der Tafel.

319

Vom Rest das Beste! Kurze Stücke Satinband finden sich in jedem gut sortiertem Haushalt. Mit kleinen Perlen und einigen Beeren Ton in Ton kombiniert, wird daraus schnell eine Serviettendekoration, die garantiert einzigartig ist.

320

Eine Menükarte, die garantiert aus dem Rahmen fällt, gelingt auch ungeübten Bastlern mit einem schönen Rahmen, in den der Text eingelegt wird. Wer möchte, kann das Holz passend zur Farbe, die in der Dekoration dominiert, streichen.

321

Jetzt brechen goldene Zeiten an! Wenn Sie dabei sein wollen, platzieren Sie einen niedrigen goldfarbenen Übertopf auf der Tafel, gefüllt mit einem Mix aus trockenen Floralien, die gekrönt werden von einer Rispe edler Orchideenblüten.

322

Da wird das Jubelpaar jubeln und die Gäste werden die kleine Aufmerksamkeit gerne mit nachhause nehmen. Das nostalgische Foto im golden schimmernden Rahmen schmückt die Tafel und erinnert daran, wer hier gerade gefeiert wird.

323

Hätten Sie's erkannt? Unter dem edlen goldfarbenen Schlagmetall verstecken sich Mini-Tontöpfchen, in denen Teelichter leuchten, die mit Samtband beklebt wurden. Als Gruppe auf dem Tisch oder an jedem Gedeck eine glänzende Idee.

324

Naschwerk fürs Auge sind die „XXL-Pralinen“ aus Steckschaumkugeln, die in Zucker gewälzt wurden und einzelne weiße Rosenblüten frisch halten. Die süße Deko ist verführerisch schön und die Kalorienbilanz stimmt auch.

325

Aber bitte mit Sahne! Das Törtchen aus bestreutem Steckschaum, Baiser, Clematisfruchtständen und einer Rose stiehlt der Buttercremetorte optisch die Schau und ist garantiert Gesprächsthema Nummer Eins beim nächsten Kaffeeklatsch.

326

Im Naturlook präsentiert, schmecken Wein und Käse im Spätherbst besonders köstlich. Eine kleine Astscheibe, Draht, ein Beerenzweig und ein Stück Rinde, als Basis für das Namensschild, sind die Zutaten, die fürs perfekte Dinner nötig sind.

327

Kerzen sind der Garant für stimmungsvolles Licht, bei dem Sie und Ihre Gäste so richtig ins Plaudern kommen. Die naturfarbene Stumpenkerze in einem Topf mit Zapfenoptik wird einfach mit Beeren und Blättern umrankt, Wirkung garantiert!

328

Genial einfach, einfach genial! Wassergläser und Teelichter sind die Basis für sanften Schimmer. Transparente skelettierte Blätter werden mit Gräsern und schmalen Bändern drum herumgebunden, ein Blatt aus dem Garten dazu, fertig!

329

Einzelne Blüten statt üppiger Gestecke. Die Christrosen werden mit Orchideenröhrchen in Limetten gesteckt, ein Kränzchen aus Eukalyptusblüten drum herum und ins Töpfchen gelegt, fertig ist eine wunderschöne Mini-Deko.

330

Üppig wie ein Füllhorn schmückt die Damastserviette den Teller. Halten Sie die Sammlung spätherbstlicher Früchte und Blüten mit Draht zusammen, dann kann sie besser entnommen werden. Ein angedrahtetes goldenes Blatt windet sich darum.

331

Ein Potpourri würziger Aromen lässt die winterlichen Feste schon erahnen. Bienenwachsplatten in Form geschnitten, Zimtstangen und Nelken stimmen ganz langsam auf köstliche Adventsbäckerei und duftenden Glühwein ein.

332

Hmm ..., wie das duftet! Diese Kerzenständer sind Unikate und garantiert selbst gemacht! Umkleiden Sie Steckschaumwürfel mit Zimtstangen und Hagebutten. Die Kerzen bekommen Halt, wenn sie mit Steckdraht gesichert werden.

333

Ein Gruß aus dem winterlichen Feenreich für die Gäste! Die goldene Spindel, die die Serviette schmückt, ist ein Zapfen, mit Engelshaar umwickelt. Ein vergoldetes Blatt und zartes Chiffonband sind die perfekte Ergänzung für Winterträume.

334

Überraschungsgäste und wenig Zeit für Deko? Knoten Sie Namensschildchen mit zartem Golddraht an Zapfen fest, verteilen Sie sie auf dem Tisch und widmen Sie sich den kulinarischen Genüssen – oder einem entspannenden Bad ...

335

It's Teatime, Sir! Auch Ladies freuen sich über eine Tischkarte aus süßem Kandis, die sie gleich in einer Tasse aromatischem Assam- oder zartem Darjeeling-Tee versenken können. Die goldene Schrift ist auf das Geschirr abgestimmt.

336

Zum Anbeißen! Doch Vorsicht, der verlockende Schokokuchen ist aus Gips und nur zum Dekorieren geeignet. Mit einer dicken roten Kerze, kleinen Kiefernzweigen und Holzsternchen wird er zum strahlenden Mittelpunkt jeder Kaffeetafel.

337

Das macht Lust auf duftendes Adventsgebäck. Eine rote Rose und Plätzchen krönen das Gesteck aus Kiefernzweigen. Die Papierserviette haben Sie schnell gefaltet und mit schmalem Band und Ausstechern als Anhänger drum herumgebunden.

338

Tortenkunst für gehobene Ansprüche. Die Prachtstücke mit Beerentopping haben eine Füllung aus Steckschaum, in der Sie die Weihnachtsbaumkerzen mit Draht fixieren können. Koniferengrün wird zur dekorativen Glasur und mit Band dekoriert.

339

Kerzenhalter ganz natürlich. Alle kugelrund mit roter Kerze und dennoch jedes Stück ein Unikat. Als Basis dienen rote Äpfel oder Steckschaum, der mit Koniferengrün, kleinen Blättern oder duftendem Sternanis besteckt und umwickelt wurde.

340

Knackige Versuchung. Damit die Äpfel nicht vom Tisch kullern, sorgen kleine Kränzchen aus Koniferengrün für sicheren Stand. Die Kerzen sind mit Draht durch glitzernde Sterne im Apfel fixiert und mit Bändern und Gewürzen geschmückt.

341

Wie das duftet! Die Bienenwachsplatten sind ruckzuck zur Kerze gerollt und mit einem Docht versehen. Damit's richtig weihnachtlich wird, stechen Sie zusätzlich kleine Sterne aus und befestigen Sie diese mit Stecknadeln am Apfel.

342

Rotwangig und glänzend leuchten die Äpfel zwischen allerlei winterlichen Beerenzweigen. Sie dienen Tafelkerzen als originelle und weihnachtliche Halter. Ein paar Tropfen Heißkleber helfen, Sterne und Äpfel am Brett zu befestigen.

343

Sternstunden für die Adventstafel. Ein Reisigstern bekommt mit Kiefernnadeln und allerlei Beeren und Gewürzen eine weihnachtliche Note. In der Mitte prangt ein bandgeschmückter roter Apfel, der mit einem Holzspieß fixiert wurde.

344

Wie grün sind deine Blätter! Diese hier stammen von der Steineiche und werden Schicht für Schicht auf einen Holzspieß gesteckt. Leuchtend rote Äpfel bilden Fuß und Spitze des Baumes. Geben Sie alles in einen rustikalen Tontopf.

345

Scheibchenweise türmen sich die getrockneten Orangen übereinander zur Baumform. Ein Spieß dient als Stamm, der einfach in den Apfel gesteckt wird. Goldener Sternenglanz und Festtagswünsche grüßen an der Baumspitze.

346

Sag, wer mag das Männlein sein? Auch, wenn er sich hier in ungewöhnlichem Outfit präsentiert – seine Kopfbedeckung verrät den Nikolaus sogleich. Kleine Zieräpfel werden zu Köpfen, Kiefernnadelbündel dienen als Mantel.

347

Miniaturwald für Humorvolle. Veredeln Sie mit goldenem Schlagmetall kleine Tontöpfe, in denen Zapfen sitzen. Gebündelte Kiefernnadeln bilden das grüne Kleid und für die fröhliche Note sorgen kleine Nikolausköpfe, die an Draht baumeln.

348

So kommen Kleine ganz groß raus! Die einzelne Christrosenblüte bekommt von Kiefernnadeln Gesellschaft und wird in deren Mitte einfach eingeklemmt. Besonders edel dazu: Teelichtgläser mit perlenbesetztem Rand, die als kleine Vasen dienen.

349

So müssen sich Ihre Gäste nicht lange auf die Platzsuche machen. Die goldenen Kugeln aus verschiedenem Draht sind schnell geformt und mit Sternen und feinem Satinband geschmückt. Mit Goldstift werden die Namen auf Pergamentpapier geschrieben.

350

Kleine Kränze aus aufgefädelten Zieräpfeln verraten Ihren Gästen, wer wo sitzt. Ein Früchtchen wurde vorher mit goldenem Schlagmetall veredelt, das Namensschild mit cremefarbenem Band am Kranz befestigt. So wirkt's besonders edel.

351

Die Guten ins Töpfchen ... Und Wolfgang zählt bestimmt dazu! Der Zierapfel wird kurzerhand mit einem Namensschild versehen und in einen moosgefüllten Tontopf gesetzt. Wer es besonders glanzvoll mag, veredelt diesen vorher mit Schlagmetall.

352

Ein bisschen Glanz muss in der Weihnachtszeit einfach sein. Und diese minimalistische Dekoration können Sie auch in letzter Minute noch anfertigen. Alte Gardinenringe einfach mit Sprühkleber einsprayen und goldenes Schlagmetall andrücken.

353

Geflügelte Wesen erfreuen sich in der Weihnachtszeit besonderer Beliebtheit. Selbst Christbaumkugeln tragen da schon mal ein Engelskleid. Wer will, beschriftet die Flügel noch mit den Namen der Gäste und erhält so ein persönliches Give-away.

354

Ob Cappuccino, Wiener Melange oder Café au lait – dies ist der passende Tischschmuck für alle Kaffeefans. Unter dem aufgeklebten Kaffeebohnendekor verbirgt sich eine Steckschaumkugel, die die Orchideenblüten frisch hält. Einfach dufte!

355

Der Orient lässt grüßen. Auf einem großen Tablett verströmen Teelichter in ausgehöhlten Orangen- und Mandarinenhälften ihr warmes Licht. Nutzen Sie einige Früchte als Vasen und füllen Sie sie mit Steckschaum und Rosenblüten.

356

Ein Rausch der Farben, orientalisch bunt und dennoch festlich. Kokosnussschalen werden zur stilechten Vase für prächtige Orchideenblüten. Dazwischen leuchten dicke Stumpenkerzen mit vergoldeten Pinienzapfen um die Wette.

357

Im Discofieber. An dieser Deko hätten Olivia Newton-John und John Travolta ihre Freude. Die Paillettenkugeln schillern grell rot und dienen einzelnen Alpenveilchen in Wasserröhrchen als Halter. Sorgen Sie mit Glitzersternen für den „Wow-Effekt".

358

Es lebe die Individualität! Jeden Platz an der Tafel schmückt eine andere Weihnachtskugel. Dafür werden die Aufhänger einfach abgezogen und in die Öffnungen Kiefernnadelbündel gesteckt. Wickeln Sie zum Schluss Band um beides.

359

Ein wahrer Augenschmaus. Was wie eine leckere Trüffelmischung daherkommt, ist leider reine Dekoration. Wassergefüllte kleine Christbaumkugeln dienen als Vasen. Steckschaumkugeln sind mit verschiedenen duftenden Gewürzen ummantelt.

360

Die Potpourri-Sterne bringen Keksausstecher in Form. Damit die Füllung aus allerlei wohlriechenden Gewürzen und Glitzeraccessoires nicht rausfallen kann, werden die Sterne mit Draht umwickelt. Vielleicht für den nächsten Adventstee?

361

Lassen Sie den Tisch in winterlich-frostigem Licht erstrahlen! Die Stumpenkerze wird in einem gewöhnlichen Kerzenhalter befestigt und damit in Steckschaum fixiert. Diesen je nach Geschmack mit Blüten, Ranken und Bändern schmücken.

362

Prosit Neujahr! Wenn die Stimmung steigt, sind die Gläser schnell mal vertauscht. Mit diesen laminierten und mit Namen beschrifteten Konfettischeiben ist jede Verwechslung künftig ausgeschlossen und Ihre Gäste werden staunen.

363

Frech und spritzig wie der prickelnde Silvestersekt schwingen bunte Steckschaumwürfelchen an Draht über den Gestecken. Die bunten Würfel wurden zum Teil ausgehöhlt und bepflanzt oder einfach mit mehreren Gerberablüten besteckt.

364

Viel Glück im neuen Jahr! Unter diesem Motto stehen die kleinen Kleetöpfe, die die Silvestergäste an ihren Plätzen begrüßen. Eine breite Manschette, dick mit Konfetti beklebt, sorgt auch vor zwölf schon für die richtige Partylaune.

365

Happy New Year! Damit Ihre Gäste nicht auf dem Trockenen sitzen, stehen natürlich ausreichend Getränke parat. Und die haben sich fürs Büfett feingemacht: blütengeschmückt und in einem laminierten und geschnürten Konfettikleid.

Impressum

Herausgeber	BLOOM's GmbH, Ratingen
Styling	Klaus Wagener (Ltg.), Team 'profil floral'
Text/Redaktion	Susanne Mansfeld, Karen Meier-Ebert
Fotos	Patrick Pantze-Werbefotografie GmbH, Lage
Grafik Design	Mandy Schubert
DTP	Gordian Jenal
Druck	Printer Trento S.r.l., Trento, Italien

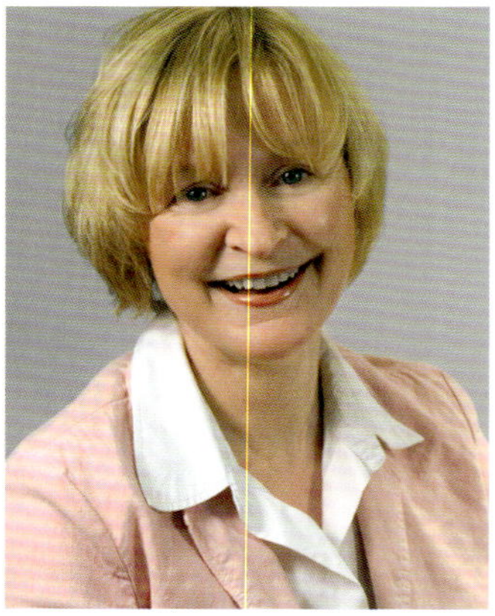

Susanne Mansfeld beschäftigt sich als Redakteurin des Lifestyle-Magazins BLOOM's Tag für Tag mit dem Thema Genießen und Dekorieren rund um Blumen und Pflanzen und hat Spaß daran, den Leserinnen Trends und neue Ideen zu präsentieren. Die Literaturwissenschaftlerin lebt mit ihrer Familie bei Düsseldorf und freut sich immer, wenn sich eine große Runde um ihren Tisch versammelt, die sie mit neuen Dekoideen überraschen kann.

Wollgrasweg 41, 70599 Stuttgart (Hohenheim)
E-Mail: info@ulmer.de
Internet: www.ulmer.de

2. Auflage 2011
ISBN 978-3-8001-6954-2